셜록 홈스식
AI 사용법

셜록 홈스식 AI 사용법

나는 홈스, ——————— AI는 왓슨

우병현 지음

일러두기

이 책에서 AI 기술과 관련된 주요 용어들은 다음과 같은 의미로 사용됩니다.

- 인공지능(Artificial Intelligence, AI): 1950년대부터 사용된 포괄적인 용어이지만, 이 책에서는 문맥에 따라 챗지피티ChatGPT, 제미나이Gemini 등 거대언어모델에 기반을 둔 대화chatbot형 또는 생성형 서비스를 편의상 'AI'로 줄여서 지칭합니다.
- 생성형 AI(Generative AI): AI의 여러 기능 중 텍스트, 이미지, 동영상, 코드 등 새로운 콘텐츠를 '생성'하는 측면을 특별히 강조할 때 사용합니다.
- 거대언어모델(Large Language Model, LLM): 생성형 AI의 근간이 되는 언어모델을 의미하며, 본문에서는 주로 LLM으로 표기합니다.

이 책에서는 AI의 사용자 인터페이스와 관련된 핵심 용어를 다음과 같이 정의합니다.

- 프롬프트(Prompt): 사용자가 AI에게 내리는 구체적인 지시문을 의미합니다.
- 프롬프트 엔지니어링(Prompt Engineering): AI 모델의 특성을 고려하여 프롬프트를 논리적이고 구조적으로 설계하는 기술을 뜻합니다.
- 프롬프팅(Prompting): 이러한 프롬프트를 작성하고 AI와 상호작용 하는 행위 자체를 가리킵니다.

각종 AI 관련 회사, 모델, 애플리케이션, 서비스 등 AI 관련 용어 표기는 한글 표기를 우선으로 하고 첫 번째 등장할 때 영어 원어 표기를 병행합니다. 관행으로 사용하는 영어는 그대로 영어로 표기합니다.

2022년 11월 챗지피티가 우리에게 충격을 준 지 벌써 3년이 지났습니다. 이제 우리는 여러 분야에서 AI의 힘과 능력을 피부로 느끼고 있습니다. 아직 AI를 이용하지 않는 사람에게 이 책 『셜록 홈스식 AI 사용법』과의 만남은 큰 행운이라고 생각한다.

이 책의 저자 우병현 대표는 컴퓨터, 인터넷, 소프트웨어가 이 세상을 바꿔나간 지난 30년간, 기자로서 경영인으로서 변화의 동인과 본질을 밝히고 개인과 사회에 도움이 되는 기술의 생산적 이용을 고민하고 실천해 왔습니다. 이제 본인의 AI 사용 경험을 토대로 누구나 쉽게 따라 할 수 있는 자습서를 우리에게 제공해주고 있습니다. 이 책을 읽기 시작한 독자들은 책을 읽는 중간중간 저자가 제시한 방법을 직접 실행에 옮기면서 홈스식 AI의 사용법을 익혀나가면 좋을 것입니다.

노준형 ┃ 한국정보방송통신대연합 회장, 전 정보통신부 장관

지금은 AI를 '배우는' 시대가 아닙니다. AI와 '함께 생각하는' 시대입니다. 이 책 『셜록 홈스식 AI 사용법』은 AI를 두 번째 두뇌로 쓰는 법을 보여줍니다. 홈스-왓슨 모델은 우리의 사고 습관을 업데이트해주고, 독자를 AI 시대의 새로운 지성인으로 끌어올립니다. AI와 함께 일해야 한다면 이 책은 선택이 아니라 필수입니다.

류근관 ┃ 서울대학교 경제학부 교수, 전 통계청장

셜록 홈스가 "왜?"라고 묻고 추리하듯, AI는 우리가 질문하면 왓슨처럼 자료를 모으고 가설 검증을 돕는 파트너입니다. 홈스 혼자서는 불완전하고, 왓슨도 홈스 없이는 방향을 잃습니다. 프롬프팅의 본질은 '추리력'입니다. 단순 명령어가 아니라 가설 기반의 질문 설계가 생성형 AI를 제대로 활용하는 방법입니다. 이 책 『셜록 홈스식 AI 사용법』을 통해 AI 시대의 명쾌한 열쇠를 발견할 수 있을 것입니다.

조준희 ㅣ 한국 인공지능·소프트웨어산업협회 회장

이 책은 대한민국 1세대 IT 기자의 'AI 항해 기록'입니다. LLM이 무엇인지에서 출발해서 AI를 이용해 기상천외한 아이디어 얻기까지 생생한 항로가 명료합니다. 특히 친절하게 정리한 바이브 코딩과 노트북LM의 경험담과 활용법이 넉넉합니다. 이 책 『셜록 홈스식 AI 사용법』은 AI의 바다에 첫 배를 띄우는 초심자들에게 난파를 막아주고 지름길을 보여주는 값진 항해일지가 될 것입니다.

공훈의 ㅣ 고도화 사회 이니셔티브 대표

Know-Where 시대에서 Know-Why 시대로

이 책은 AI 모델과 작동 원리를 설명하는 이론서가 아닙니다. 서점 진열대를 장식한 AI 관련 기술 서적에 속하지도 않습니다. 이 책은 기술의 생산적 이용에 필요한 마인드셋이 어떠해야 하는지에 초점을 두고 있습니다. 무엇보다 AI를 생산적으로 이용할 수 있는 노하우와 방법론을 이 책에 고스란히 담고자 했습니다.

또한 이 책은 2013년에 출간된 저의 책『구글을 가장 잘 쓰는 직장인 되기』(이하『구잘직』)의 연장선상에 있습니다.『구잘직』은 일과 생활의 균형을 이루기 위한 스마트 워킹에 초점을 맞춰 쓴 책입니다. 균형 있는 삶을 위해서는 남의 시간을 잘 빌려 사용해야 하기에, 클라우드를 활용한 협업의 방법론을 제시했습니다. 즉 클라우드 컴퓨팅 기술을 내 문제를 해결하는 데 생산적으로 이용할 수 있는 방법론을『구잘직』에 담았던 것입니다.

하지만 일과 생활이 균형 잡힌 삶을 안정적으로 영위하기 위해

2% 부족한 점이 있었습니다. 당시의 AI 기술 수준으로는 남의 '시간'을 빌려 사용할 수는 있어도 남의 '머리'까지 빌리기는 어려웠습니다.

디지털 기술을 이용해 타인의 시간과 머리를 24시간 원하는 대로 빌릴 수 있다면, 우리는 누구에게도 침해당하지 않는 자립적 삶에 가까이 갈 수 있습니다. 생성형 AI의 등장은 부족한 2%를 완벽하게 채워줄 잠재력을 지니고 있습니다. 이제 일과 생활이 균형 잡힌 삶을 실현할 수 있는 기회가 누구에게나 주어졌습니다. 그 기회를 잡는 것은 사용자인 여러분의 태도에 달려 있습니다.

저는 어린 시절 코넌 도일의 '셜록 홈스' 시리즈를 접하자마자 '홈스'라는 캐릭터에 푹 빠졌습니다. 그런데 성인이 되고 직장 생활을 하면서 홈스를 오랫동안 잊고 있다가, 우연히 탐사보도 분야를 파고들면서 홈스를 다시 만났습니다. 언론의 탐사보도 기법이 바로 홈스식 추리력과 수사 기법에 뿌리를 두고 있었던 것입니다. 그리하여 다시금 홈스의 매력에 빠져 홈스식 뇌 사용법을 오랫동안 연구하고 실제 업무에 적용하고자 시도했습니다.

홈스식 뇌 사용법의 핵심은 어떤 난제를 만나도 질문을 던지고 그 질문을 풀 수 있는 가설을 잘 세우는 것입니다. 그리고 가설을 가장 빨리 검증하는 데 필요한 자료를 효과적으로 수집하는 것입니다.

저는 거대언어모델Large Language Model 기반 생성형 AI를 사용하면서, 그동안 경험했던 디지털 기술을 통틀어 이것이 홈스식 뇌 사용법과 가장 궁합이 잘 맞는 기술이라고 직감했습니다. 특히 새로운 AI가 이전 디지털 기술과 달리 사람처럼 행동하고 사고하는 기술이기에, 홈스식 뇌 사용법이야말로 AI의 생산적 이용에 딱 필요한 것이라고 판단했습니다.

더욱이 홈스 시리즈에서 홈스의 영원한 파트너인 왓슨 박사의 역할이 AI의 역할이라고 설정하면서 홈스-왓슨 모델을 완성할 수 있었습니다. 제가 홈스와 같은 마인드셋을 갖고 AI를 왓슨 박사처럼 대하면, 소비적 이용자에 머물지 않고 기술의 주체적 사용자가 되어 더 나은 삶과 더 나은 공동체를 만드는 데 필요한 것을 하나씩 해결할 수 있을 것이라고 믿습니다.

인터넷 시대가 열리자 사람들은 노하우Know-How 시대가 아니라 노웨어Know-Where 시대가 왔다고 말했습니다. 개별 지식을 만들어 혼자 쥐고 있는 시대가 아니라, 여기저기 널려 있는 지식을 찾아서 활용하는 시대를 그렇게 표현한 것입니다.

AI와 함께 일하는 시대는 노와이Know-Why 시대라고 할 수 있습니다. 셜록 홈스처럼 "왜?"라고 끊임없이 질문을 던지면서 AI와 함께 문제를 해결하는 시대가 시작된 것입니다.

이 책이 나오기까지 많은 분들의 도움이 있었습니다. 먼저 늘 곁에서 저를 응원해주고 격려해준 아내와 딸에게 고마움을 전합니다. 무엇보다 서울대 빅데이터 AI CEO 과정을 이끄시는 류근관 교수님을 비롯한 교수진에게 큰 가르침을 받았습니다. 어디에서도 접하기 어려운 국내 최고 수준의 강의 덕분에 이 책이 탄생할 수 있었습니다. 특히 언론계 선배이자 AI CEO 과정 교수진의 일원인 공훈의 선배님의 가르침과 격려가 큰 힘이 되었습니다.

또 매주 이틀 동안 늦은 시각까지 주경야독하며 AI CEO 과정을 함께 수강한 2기 동기생들과 강의실 및 뒤풀이 장소에서 나눈 현장의 고민과 인사이트는 더없이 소중한 자양분이 되었습니다.

늘 신기술에 대한 호기심과 탐구심으로 자극을 주시는 구경열 비앤비스틸 대표님, 한국 IT 산업의 미래를 개척하기 위해 전 세계를 누비는 조준희 한국인공지능·소프트웨어산업협회장님의 든든한 후원에 깊이 감사드립니다.

걷기 모임 '워킹서울'의 오랜 벗인 이상구 인터메이저 대표의 자극과 조언이 없었다면 이 책은 나오지 못했을 것입니다. 끝으로 2013년 『구글을 가장 잘 쓰는 직장인 되기』 출판에 이어 또 한번 이 책을 펴낼 기회를 주신 황상욱 휴먼큐브 대표와 임직원 여러분께 감사드립니다.

이 책이 AI 기술 홍수 속에서 나와 내 가족, 공동체를 지키는 데 조금이라도 도움이 되는 AI 학습 방법론이 되기를 기원합니다.

2025년 겨울
우병현

1부

AI, 거스를 수 없는 대세

1장

기업의
범용 오피스 도구로
자리 잡은 AI

챗지피티가
일으킨
AI 혁명

◆ ◆ ◆

거대언어모델(이하 LLM)에 기반을 둔 생성형 AI 서비스인 챗지피티ChatGPT는 2022년 11월에 등장했습니다. 첫선을 보인 이후 챗지피티가 짧은 기간 동안 일으킨 변화는 어마어마합니다. 출범 1년 만에 지구촌 곳곳에서 수억 명의 사람들이 챗지피티를 체험했고, 챗지피티를 사용해본 사람들은 식당, 회사, 커피숍 등 장소와 시간을 가리지 않고 자신의 사용 경험을 화제에 올렸습니다.

챗지피티의 폭발적 인기에 자극받은 구글, 메타, 테슬라(xAI) 등 빅테크 기업은 앞다투어 챗지피티와 유사한 서비스를 출시하면서 AI 패권 다툼에 뛰어들었습니다. 미국 빅테크 기업이 AI 시장을 주도하는 가운데, 중국, 프랑스 업체들도 자체 AI 모델을 개발하여 미국 견제에 나섰습니다. 한국도 외국산 AI 의존에서 벗어나기 위해 이른바 '소버린 AI'(소버린sovereign - 자주적인, 주권이 있는) 개발을 국가 프로젝트로 정하고 대대적인 투자를 진행하고 있습니다.

이제 AI 기술 혁신과 대중화는 거스를 수 없는 대세입니다. 현재 시점에 서비스되고 있는 각종 AI가 시간이 흘러 돌아보면 가장 낮은 수준의 AI일 것이라는 점도 확실합니다. 또 AI는 정보화 초기 워드프로세서, 스프레드 시트, 이메일, 웹사이트처럼 누구나 자유롭게 사용할 수 있는 범용 기술로서 확실하게 자리 잡을 것이라는 점 역시 누구도 의심하지 않습니다.

AI 혁명은 앞으로 크게 몇 가지 방향으로 전개될 것입니다. 우선 범용 기술로서 AI 시장을 놓고 기술 개발 및 서비스 경쟁이 치열하게 벌어질 것입니다. 운영체제OS, 웹브라우저, 검색엔진에 이어 AI가 디지털 시대의 새로운 패권 전쟁터가 되었습니다.

이와 관련하여 거대한 AI 기술 생태계가 새로 형성되어 빠른 속도로 계속 확장되고 있습니다. 현재 AI 생태계에서 GPU 시장을 독점하고 있는 엔비디아가 중심 자리를 차지하고 있고, 그 주변에 구글, 오픈AI, 엔트로픽, xAI, 마이크로소프트, 알리바바 등 AI 파운데이션 Foundation 모델을 보유한 빅테크들이 몰려 있습니다.

아울러 AI에 기반을 둔 각종 애플리케이션과 서비스가 우후죽순으로 생겨났고, 그 수는 앞으로 기하급수적으로 늘어날 것입니다. 기존 디지털 서비스와 애플리케이션도 모두 AI를 적극적으로 수용하면서 AI 생태계의 범위를 전방위로 확장시키고 있습니다.

AI는 로봇 산업과 융합하면서 피지컬 AI(Physical AI) 시대를 크게 앞당기고 있기도 합니다. 사람의 일을 대신해주는 휴머노이드부터 반려로봇, 경비로봇이 등장하는 등 로봇 산업은 빠르게 최신 AI 기술을 수용하여 가격을 낮추면서 성능을 획기적으로 높이는 혁신을 거듭하고 있습니다.

챗지피티가 쏘아 올린 AI 혁신의 불꽃은 디지털 산업에만 영향을 미치는 것이 아니라 인류 문명의 전 분야에 스며들면서 인간과 인류 문명에 대한 재정의마저 요구하고 있습니다. 교육, 의료, 법률, 회계, 제조, 군사 등 사회 핵심 분야는 AI를 수용하며 밑둥치에서부터 변하고 있습니다.

지금의 AI가 '인공일반지능Artificial General Intelligence, AGI' 수준에 이르면 사람과 기계의 의미에서 관계까지 재정의해야 할지도 모릅니다. 낙관론자들은 AI가 결국 인간의 삶을 보조하고 풍부하게 할 것이라고 기대하고, 비관론자들은 인류의 멸망이 AI로 인해 시작될 것이라고 봅니다.

이와 같은 거대 담론과 별개로 AI는 이미 모든 사람에게 공기나 스마트폰처럼 없어서는 안 될 존재가 되었습니다. 스마트폰을 신체의 일부인 양 몸에 지니고 다니면서 언제 어디서든 필요할 때 꺼내서 사용하듯, AI의 대중화로 인해 사람들은 가정에서, 직장에서, 식당에서 필요할 때마다 AI를 불러서 사용하고 있습니다.

이 책에서 다루고자 하는 주제는 일하는 사람의 입장에서 AI를 어떻게 수용하고 어떻게 활용할 것인가입니다. AI는 이미 일터에서 이메일, 워드프로세서, 검색엔진 등 기존 오피스 도구처럼 범용 도구로서 자리 잡았습니다. 공공기관, 첨단 테크 기업 등 일부 조직에서 AI 사용이 기밀 누출 통로가 될 것을 우려해 금지하거나 제한적 사용을 실시하고 있지만, 대부분의 조직에서 직장인들이 자신의 업무에 AI를 활용하는 흐름은 대세가 되었습니다.

사례를 통해
살펴보는
기업의 AI 활용

◆ ◆ ◆

1. CES 트렌드 조사

국제전자제품박람회 CES The International Consumer Electronics Show는 세계 최대의 IT 전시회입니다. 전 세계 테크 기업이 자사 신제품과 기술을 선보이며 자랑하는 무대이자, 첨단 테크 트렌드 정보를 얻을 수 있는 현장입니다. 수많은 기업 관계자 등 수십만 명이 테크 트렌드를 파악하고 사업 아이디어를 얻기 위해 매년 CES가 열리는 미국 라스베이거스로 향합니다.

여러분이 한국의 헬스케어 업체에서 일하면서 CES 참관자로 선발되었다고 가정해봅시다. 여러분이 수행할 미션은 CES에서 현재 개발 중인 첨단 헬스케어 기술 동향을 조사하고, 관련 제품과 아이디어를 찾는 것입니다.

AI 등장 이전에는 이 과제를 수행하기 위해 담당자가 라스베이거스 CES 현장에 직접 출장을 가야 했습니다. 어마어마한 규모의 대형 컨벤션 센터를 종일 누비며 부스에서 나눠주는 브로셔, 기술 소개 자료, 시연 영상 등을 수집해야 합니다. 또 당해 연도 유명 인사의 기조연설, 컨퍼런스 등 오프라인 강연도 놓쳐서는 안 됩니다. 더불어 글로벌 외신 및 산업 전문지의 기사, 전문가의 CES 참관기, SNS 반응을 추가로 수집합니다.

이렇게 현장에서 수집하는 것만으로 끝이 아니죠. 한국에 돌아오면 수집한 자료를 정리하면서 출장 보고서에 쓸 만한 정보를 뽑아내는 작업을 합니다. 이어서 보고서 초안을 잡습니다. 초안은 대체로 그해 CES에 나타난 테크 트렌드 요약으로 시작해 주요 빅테크 기업의 동향, 화제를 모은 스타트업, 같은 업계 트렌드 등으로 이어집니다. 가장 어려운 작업은 CES 출장 목적인 신제품과 관련된 아이디어를 도출하는 것입니다.

출장 보고서를 완성하면 워드프로세서 파일 형태로 회사로 제출하거나 프레젠테이션 형태 보고서를 작성해 임원 앞에서 발표하는 것으로 출장을 마무리합니다. 이처럼 CES, MWC 등 대규모 국제 전시회에서 최신 정보와 인사이트를 얻으려면 반드시 해외 출장을 가야 하고, 사후 출장 보고서 작성에 많은 노력을 기울여야 합니다.

그런데 생성형 AI가 등장하면서 굳이 먼 곳까지 출장 가지 않고도 원하는 정보와 인사이트를 끌어낼 수 있는 길이 열렸습니다. 생성형 AI를 통해 다음과 같은 방식으로 업무가 가능하기 때문입니다.

여러분이 만약 CES 트렌드 조사 임무를 맡았다면, 구글, 네이버 등 일반 검색엔진 대신에 챗지피티, 제미나이Gemini, 퍼플렉시티 Perplexity, 클로드Claude, 펠로Felo 등 다양한 AI 가운데 1~2개를 골라 대화창에 아래와 같이 자신이 원하는 작업을 수행하도록 요청합니다.

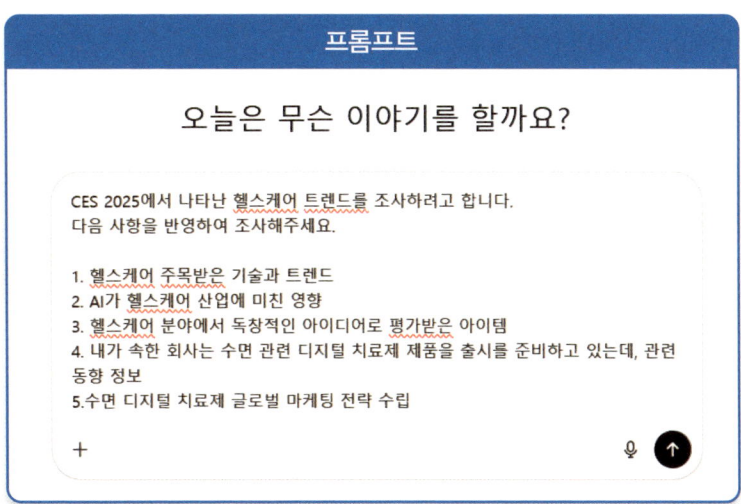

여러분은 AI의 최초 산출물을 디딤돌 삼아 보완 또는 추가 작업을 AI에게 요청할 것입니다. 또 산출물에 표기된 출처에 들어가 정보를 더 알아보는 등 심층 조사Deep Research를 통해 보고서 작성에 필요한 팩트를 모을 것입니다.

조사가 어느 정도 진행되면 보고서 작성을 위해 AI의 산출물을 복사해서 워드프로세서 등 문서 도구에 모으는 작업을 진행하고, 내용을 꼼꼼히 살피면서 팩트 체크를 하고 뼈대에 살을 붙여 최종 보고서를 작성합니다.

텍스트로 가득 찬 최종 보고서를 발표용 슬라이드로 만드는 작업도 해야 합니다. 발표용 슬라이드를 만들 때는 감마Gamma, 캔바Canva 등 슬라이드 제작에 강점이 있는 버티컬 AI가 많이 쓰입니다.

CES 관련 동향 조사에 AI를 활용하는 방식은 유사한 업무에 그대로 적용됩니다. 실제 이미 많은 직장인들이 AI 사용법을 빠르게 익혀 신제품 또는 신규 서비스 기획, 경쟁사 동향 조사, 첨단 산업 동향 조사 등에 AI의 다양한 능력을 활용하고 있습니다. 심지어 월 200달러의 사용료를 지불하는 고가의 AI(챗지피티 프로 등)를 적극 이용해 심층 조사를 진행하기도 합니다.

2. 업무 자동화와 AI 에이전트

모든 기업은 고객과의 소통을 매우 중요한 기업 활동으로 삼고 있습니다. 고객은 회사 이메일로 구입 문의, 자료 요청, 배송 지연 문의, 반품 요청 등 각종 고객 민원 사항을 보냅니다. 기업은 이메일 경로로 들어오는 고객의 각종 요청에 잘 대응해야 합니다. 답변을 적시에 하지 못하면 고객은 불만을 품을 것이고, 소셜미디어에서 빅마우스로 변신해 회사를 비난할 수도 있습니다.

AI 등장 이전에 고객 대응 담당 직원은 이메일을 직접 읽고 분류해야 했습니다. 우선순위 지정도 직원의 판단에 의존했고, 중요한 문의가 지연되는 경우가 많았습니다. 유사한 질문에도 매번 새롭게 답변을 작성해야 했습니다. 또 업무 시간 내에만 이메일 처리가 가능했고, 야간이나 주말에는 응대가 중단되었습니다.

이런 업무 프로세스로 인해 고객 만족도는 그리 높지 않았습니다. 응답 시간이 길고 일관성이 부족했습니다. 담당자에 따라 답변 품질과 정확도가 달라졌습니다. 비영업 시간에는 응답을 기다려야 했습니다. 다국어 지원이 제한적이기도 했습니다.

AI 등장 이후 고객의 이메일 대응은 생성형 AI를 핵심 도구로 삼아 자동화되었고 대응 프로세스가 단축되었습니다. AI는 고객의 이메일이 오는 즉시 자연어 분석을 통해 고객 요청 유형을 파악합니다. 그런 다음 표준 질문에 대해서는 AI가 직접 즉시 자동 응답하고, 나머지 요청들은 데이터베이스와 이전 해결책을 참조하여 맞춤형 답변을 신속하게 생성합니다. 예를 들어 반품 요청임을 인식할 경우 자동으로 구매 내역 조회, 반품 자격 확인을 거쳐 맞춤형 안내문을 생성하며 순식간에 답변 이메일을 작성해줍니다.

AI가 등장한 이후 24/7 응대, 즉 24시간 주 7일 응대가 가능해져 시간대에 상관없이 고객의 민원이 바로 처리됩니다. 그 결과 직원들은 복잡하고 중요한 문제 해결에 집중할 수 있게 되었고, 상담원들은 AI의 답변 품질을 검토하고 개선하는 역할도 담당합니다.

고객 입장에서도 일관된 품질의 답변을 받고, 개인화된 응대로 고객 만족도가 향상됩니다. 다국어 지원이 원활해져 글로벌 고객 서비스 수준이 높아집니다. 이전 문의 내역을 AI가 기억하여 맥락을 유지한 응대가 가능합니다.

이처럼 AI 등장 이후 업무 처리 자동화 수준이 급상승하면서 사람의 개입을 필요로 하지 않는 업무 유형이 크게 늘어나고 있습니다.

3. AI 코딩의 확산

　국내 굴지의 컨설팅 회사에서 기업 분석 본부장을 맡고 있는 K본
부장은 국내 헬스케어 업체 중 상장사를 대상으로 연구개발비 실태
를 분석하는 프로젝트를 새로 기획했습니다. K본부장은 프로젝트의
핵심이 분석 대상 기업의 재무 데이터를 수집해서 정제하는 것임을
수차례의 경험을 통해 잘 알고 있습니다. 이에 따라 프로젝트 수행을
위해 데이터 수집 및 정제용 코드를 짜는 개발팀을 투입해 기획회의
를 하는 것이 최우선 순위라는 점도 잘 압니다.

　그런데 K본부장은 자신의 컴퓨터에서 AI를 이용해 스스로 데이
터 수집 및 정제용 코드를 짜기 시작했습니다. 우선 클로드에서 자신
이 원하는 데이터 수집 및 정제 정보를 담은 프롬프트를 작성해 입력
합니다.

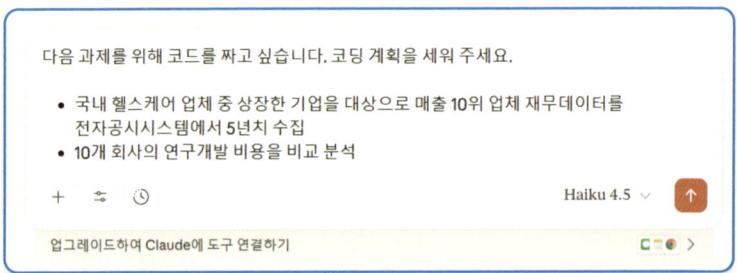

그러면 클로드는 아래와 같이 프로그램 개발 기획서를 써서 보여 줄 것입니다.

국내 상장 헬스케어 기업의 **R&D 비용 분석 프로젝트**를 위한 코딩 계획을 세워드리겠습니다.

전체 프로젝트 구조

1단계: 데이터 수집

- 전자공시시스템(DART) API를 활용하여 상장 헬스케어 기업 목록 확보
- 매출 기준 상위 10개 기업 식별
- 각 기업의 최근 5년치 재무제표 수집 (연간 보고서 또는 분기보고서)

2단계: 데이터 추출 및 정제

- 수집된 재무제표에서 R&D 비용 항목 추출
- 회사별, 연도별로 데이터 정렬
- 오류 데이터 검증 및 정제

3단계: 분석 및 시각화

- R&D 비용의 절대값 비교
- 매출 대비 R&D 비용 비율(R&D 강도) 분석
- 연도별 R&D 투자 추이 분석
- 차트 및 그래프 생성

기술 스택 추천

```
Python 환경:
- requests: DART API 데이터 수집
- pandas: 데이터 전처리 및 분석
- beautifulsoup4: 웹 스크래핑 (필요시)
- matplotlib/seaborn: 데이터 시각화
- openpyxl: Excel 파일 처리
```

세부 작업 흐름

K본부장은 AI가 짜준 프로그램 개발 기획서를 바탕으로 실제 코드를 짜기 위해 '커서Cursor'라는 프로그램을 실행시킵니다. 커서는

LLM을 장착해 사용자가 원하는 프로그램을 자연어로 입력하면 코드를 자동으로 짜주는 통합 개발 플랫폼 중 하나입니다.

K본부장은 AI가 기획해준 대로 전자공시시스템의 API를 발급받아 커서에 입력하는 등 개발 환경을 세팅하고 나서 커서의 대화창에서 필요한 코드를 짜달라고 요청합니다.

AI 코딩 플랫폼의 하나인 '커서'를 실행한 모습

커서는 K본부장의 요청에 따라 기업 데이터 분석을 위한 개발 기획서를 먼저 작성하고 이어 필요한 코드를 짜기 시작합니다. K본부장은 커서가 짠 코드의 오류를 찾아 계속 수정 요청을 하면서 데모 수준의 프로그램을 완성합니다. 커서가 짜준 코드를 실행시키면 헬스케어 10개 업체 5년치 재무 데이터가 스프레드 시트에 기록됩니다. 이 데이터를 바탕으로 10개 회사의 연구개발비를 비교 분석하는 작업을 진행할 수 있습니다.

커서가 짜준 데이터 수집 및 정제 프로그램이 어느 정도 작동한다고 판단한 K본부장은 기획 및 개발자 실무자 회의를 소집해 자신이 짠 코드를 시연하면서 자신이 원하는 기업 분석 방식과 수준을 설명하고 실제 프로그램 개발 작업을 요청합니다.

K본부장은 AI를 활용한 셀프 코딩을 통해 프로젝트 수행 과정에서 발생하는 개발팀과의 소통 비용을 크게 줄였습니다. AI 코딩을 활용하기 이전에는 자신의 의도를 설명하고 확인받는 데 2~3주가 걸렸습니다. 또 개발자들이 개발 도중에 "어렵다", "시간이 많이 걸린다"라고 답할 때 확인할 길이 없어 발만 동동 굴렀는데, 이런 답답함을 셀프 코딩을 통해 해소했습니다.

챗지피티, 클로드, 제미나이, 그록Grok 등 생성형 AI 서비스는 모두 사람이 자연어로 원하는 프로그램 개발 스펙을 입력하면 AI가 코드를 짜주는 서비스 개발에 막대한 투자를 하고 있습니다. 이에 따라 AI의 코딩 능력이 초중급자를 대체할 수준에 이르렀고, 앞으로 그 능력은 더 발전할 것으로 예상하고 있습니다.

　앞서 소개한 K본부장 사례처럼 AI 셀프 코딩은 직장에서 급속도로 보급되는 중입니다. 생성형 AI의 잠재력을 가장 잘 살린 킬러 서비스 중 하나인 코딩은 기업의 생산성을 획기적으로 높여줄 것으로 기대를 모으기 때문입니다. 실제 프로그램 개발자 그룹은 물론 비기술직 직장인들도 AI 코딩을 적극적으로 수용하고 있습니다.

　AI 코딩의 활성화는 기업 업무 프로세스와 일자리에 큰 영향력을 미칩니다. 예를 들어 마이크로소프트, 구글 등 빅테크 기업에서는 초급 및 중급 개발자 일자리를 없애고 대신 아키텍처를 설계할 수 있는 고급 개발자 위주로 인력을 재편하고 있습니다. 국내에서도 AI 코딩이 급속도로 보급되면서 개발팀에서 초중급자 결원이 생기면 더 이상 충원을 하지 않는 인사 정책 채택이 대세가 되었습니다.

　한편 비기술 분야 직장인의 경우 AI 코딩을 배워 개발자와의 소통에서 주도권을 쥐는 현상도 나타나고 있습니다. 비기술직들이 코드를 읽고 해석할 줄 아는 코딩 문해력을 갖춤으로써 개발자와의 소통 비용을 크게 줄이는 동시에 프로젝트를 이끌어 갈 수 있는 파워를 갖기 시작한 것입니다.

AI 활용,
선택이 아닌
필수

◆ ◆ ◆

챗지피티 등장을 계기로 각종 AI는 직장 업무에 깊숙이 스며들었습니다. 이제 AI를 사용하지 않는 업무 수행은 상상하기 어려운 상황입니다. 직장에서 유통되는 각종 문서에서 AI로 작업한 흔적을 보는 것은 흔한 일이 되었습니다. AI 대중화 초창기에는 몇몇 현업 실무자들이 AI를 활용하여 일을 했으나, 이제 중간관리자뿐만 아니라 최고경영자도 일상 속에서 AI를 수시로 사용하고 있습니다.

AI가 빠른 속도로 일자리를 대체하는 흐름은 직장인들을 긴장하게 만듭니다. 실제로 기업 규모에 상관없이 AI는 이미 신규 채용 흐름을 크게 둔화시키고 있고, 일부 기업은 AI의 대대적인 도입을 전제로 한 인력 구조 재편 작업을 빠르게 진행하고 있습니다. AI의 범용화라는 현상과 AI의 일자리 대체라는 흐름 앞에서, 직장인들은 어떻게 대응해야 할까요?

직장인들은 회사가 시키지 않아도 자발적으로 AI를 활용하여 업무를 처리하는 능력을 익히고 있습니다. 또한 회사 차원에서도 사내 교육 프로그램을 통해 조직원들이 AI 원리와 활용법을 익히도록 장려하고 있습니다. 이처럼 직장인들에게 AI 활용은 선택이 아니라 필수로서 자리 잡고 있습니다.

문제는 AI를 다루는 수준이 평균에 그쳐서는 자신의 일자리를 지키기 어렵다는 점입니다. 지금의 자리를 지키거나 새로운 자리를 얻기 위해서는 AI의 잠재력을 자유자재로 활용하면서 확실한 성과를 낼 수 있어야 합니다. 그런데 AI에 입문하기는 쉽지만, AI의 고유한 능력을 활용해 제대로 된 성과를 내기는 무척 어렵습니다.

2장

입문은 쉬워도
성과 내기는 어렵다

환호에서
실망으로

◆ ◆ ◆

필자는 챗지피티가 급속도로 확산되던 2023년 초에 조심스레 챗지피티에 발을 내디뎠습니다. 도대체 챗지피티가 무엇이기에 사람들이 이 난리를 칠까 싶은 궁금증과 더불어 AI 시대에 뒤처져서는 안 되겠다는 위기감이 저를 AI의 세계로 이끌었습니다.

처음에는 머릿속에 떠오르는 궁금한 사항을 검색엔진을 이용하듯이 대화창을 통해 물었습니다. 이어 아침 출근길에 급히 필요했던 광고 카피를 요청했는데, 결과물을 받아보니 꽤 괜찮다는 느낌이 들었습니다. 그러면서 연설문 초안, 이메일 답장 초안 등 사용 범위를 조금씩 넓혀갔습니다. 그러다 보니 체계적으로 AI 사용법을 배울 필요성을 느꼈습니다. 손쉬운 대로 유튜브에서 생성형 AI 가이드 영상을 찾아서 시청했습니다.

유튜브 AI 강좌 영상이 AI의 특성을 이해하는 데 도움이 되기는 했지만 막상 써먹지는 못했습니다. 생성형 AI 대중화 초창기에 유튜브에 올라온 동영상은 대체로 과장이 심했습니다. 일단 '챗지피티로 영어회화 한 방에 끝내기', '프레젠테이션 몇 분 만에 뚝딱 만들어준다', '고객 이메일 응답 업무 자동화, 단번에 해결' 등의 제목으로 시청자의 눈길을 끌었죠. 이런 영상들은 공통적으로 1~2개 예제를 소개하면서 AI의 능력을 부풀려 설명했습니다. 그런데 막상 영상 속 예제를 따라 하려고 하면 절차가 복잡해서 '한 방에 끝내준다'는 문구가 허풍에 가깝다는 것을 금방 알아차렸습니다.

유튜브 AI 강좌 영상에 다소 실망한 저는 서점에 들러 프롬프트 엔지니어링을 다룬 책을 몇 권 구입했습니다. 프롬프트 엔지니어링 관련 책은 생성형 AI 모델의 특성에서 시작해 자신이 원하는 결과를 얻기 위해 프롬프트를 어떻게 짜야 하는지를 사용 유형별로 소개하는 방식으로 구성되어 있었습니다. 처음에는 책에 소개된 예제를 따라 했고, 이어 예제 없이 AI를 이용할 때 책에서 배운 기법을 응용하려고 시도했습니다. 그러나 실제 프롬프트를 작성할 때는 프롬프트 엔지니어링 기법을 염두에 두지 않고 그냥 머릿속에 떠오르는 대로 작성하곤 했습니다.

프롬프트 엔지니어링 기본을 익히는 동안 AI 모델 업데이트 소식과 새로운 서비스가 등장했다는 소식을 수시로 접했습니다. 수능 문제를 잘 풀어내고 법률 시험을 통과하는 등 날로 향상되는 AI의 탁월한 능력을 강조하는 내용이 대부분이었습니다.

그 가운데 AI가 코딩을 해준다는 소식이 저의 호기심을 자극했습니다. 생성형 AI를 자료 조사와 글쓰기 위주로 사용하다 보니 쓰임새가 제한적이라는 생각을 했기 때문입니다. 코딩을 배우지 않아도 사람의 자연어로 프로그램을 짤 수 있다는 기대감을 갖고, AI 활용 코딩을 소개하는 유튜브 동영상과 AI 코딩 테마 책을 구해서 사용법을 학습을 했습니다.

단순한 자료 조사에서 시작해 코딩에 이르기까지 AI를 사용하면서 처음에는 AI의 새롭고 다양한 능력에 감탄했습니다. 어떤 질문을 해도 답변을 순식간에 해주는 것에 놀랐습니다. 원하는 것을 자연어로 입력하면 그림이나 동영상을 만들어주는 능력도 신기하기만 했습니다. 특히 AI의 코딩 능력을 체험한 뒤로는 AI가 알라딘의 요술램프와 같은 존재가 되지 않았나 하고 생각했습니다.

그런데 AI 사용 시간을 점차 늘리고 사용 범위를 확장되는 과정에서 어떤 불안감이 생겨나기 시작했습니다. AI를 비체계적으로 사용하고 있다는 느낌이 따라다녔던 것입니다. 예를 들어 챗지피티를 사용하다가 산출물이 다소 마음에 안 들면 제미나이, 클로드, 퍼플렉시티, 펠로 등 여러 AI 서비스를 왔다 갔다 하면서 산만하게 사용하는 경우가 점차 늘었습니다.

또 기획서, 보고서 등 글쓰기를 AI에게 맡기고 산출물을 보면서 감탄했다가 막상 써먹으려고 하나씩 뜯어보면 도저히 그대로 사용할 수 없다는 것을 깨닫고는 실망감이 점점 더 커졌습니다. 오히려 AI의 화려한 외양을 믿고 일하다가는 큰일 나겠다 싶었습니다. 결국 AI가 만들어준 산출물을 꼼꼼히 뜯어보면서 내용과 어휘를 일일이 수정하지 않을 수 없었습니다.

AI를 이용해 코딩을 하면서 숱한 시행착오를 겪은 뒤로는 AI로 코딩하는 것이 과연 생산적인가 하는 생각이 들기도 했습니다. 유튜브와 책에서 소개한 예제 정도를 따라 하면서 기본 사용법을 익힌 뒤, 막상 저의 아이디어를 실현하려고 코딩을 하면 갖가지 난관을 만나 도중에 포기하곤 했습니다.

가령 AI가 짜준 코딩을 실행하면 프로그램 실행에 필요한 라이브러리 설치 오류, 코드 오류, 인증 오류 등 갖가지 원인으로 인해 실제 작동되지 않는 경우가 많았습니다. 물론 AI 모델의 발전에 따라 이런 점들이 많이 개선되거나 오류가 크게 줄고 있습니다.

챗지피티부터 시작해 다양한 AI 서비스를 경험하면서, 입문은 쉬워도 내가 원하는 것을 제대로 실현해 성과를 내기는 참 어렵다는 점을 점차 뚜렷하게 깨달았습니다. 분명히 AI의 잠재력이 대단하고 잘 활용하면 큰 이득을 얻을 수 있다는 것은 알겠는데, 정작 AI라는 늪에 빠져 허우적대고 있다는 자각 때문이었습니다.

그 원인을 곰곰이 따져봤습니다.

생성형 AI,
매뉴얼이 없다

◆ ◆ ◆

MS워드, 엑셀 등 범용 오피스 도구를 처음 배울 때는 애플리케이션을 만든 회사가 제공하는 매뉴얼(메뉴 + 도움말)을 활용합니다. 대체로 1~2시간 매뉴얼을 활용하여 애플리케이션을 실습하면 기본적인 작업을 스스로 할 수 있습니다.

그런데 생성형 AI의 경우 오피스 도구 스타일의 매뉴얼이 따로 없습니다. 생성형 AI와 사용자 사이의 인터페이스가 인간의 자연어를 사용하는 고유의 특성 때문입니다. 사용자가 AI의 능력을 이용하려면 공통적으로 대화창에 사용자가 원하는 것을 자연어로 입력합니다. AI가 오디오 기능을 제공할 경우 말로 원하는 것을 입력해도 됩니다. 그러면 AI가 사용자의 입력문을 바탕으로 아웃풋을 생성해줍니다. 생성물은 질문에 대한 답변부터 보고서, 광고 카피, 코드, 음악, 이미지, 동영상 등 다양한 형식을 취합니다.

이와 같은 생성형 AI와 사용자 사이 유저 인터페이스를 '프롬프트Prompt'라고 부릅니다. 여러분이 챗지피티 등 챗봇형 AI를 사용할 때 대화창에 여러분의 의도를 자연어로 입력한 것이 바로 프롬프트입니다. 즉 프롬프트는 인간과 AI의 소통 매개체인 것입니다. 생성형 AI가 지닌 잠재력을 발현시키기 위해서는 반드시 프롬프트를 통해야 합니다. 간단한 자료를 찾을 때도, 궁금한 점을 AI에게 물어볼 때도 프롬프트에 원하는 사항을 입력해 요청해야 합니다. 코딩을 하거나 이미지 및 동영상을 만들 때도 마찬가지입니다.

프롬프트는 기본적으로 지시문을 뜻하면서 질문, 감정, 맥락, 예시 등 다양한 의미를 포괄하고 있기도 합니다. 예를 들어 AI에게 자료를 찾아달라고 하거나 글을 써달라고 하는 것은 지시입니다. 챗봇에게 의견을 물어보거나 여러분의 감정을 담은 프롬프트를 제시하면 그것은 상호작용에 해당합니다.

AI는 프롬프트를 재빨리 해석하여 내부 알고리즘을 사용해 즉각 콘텐츠를 생성합니다. AI의 이런 대응을 '리스폰스Response'라고 부릅니다. 또 프롬프트를 통한 입력Input에 따라 반응하여 생성한 것을 '생성물' 또는 '산출물Output'이라고 합니다.

프롬프트 엔지니어링의 등장

생성형 AI는 거대언어모델(LLM)과 프롬프트라는 독특한 사용자 인터페이스를 가지고 있어, 그 작동 방식이 일반적인 오피스 도구와 근본적인 차이를 보입니다. 일반 오피스 도구는 특정 메뉴를 선택하면 언제나 예측 가능한 결과가 나오는, 명확한 인과 관계를 따릅니다. 예외란 거의 존재하지 않습니다.

이에 비해 생성형 AI는 사용자가 프롬프트를 통해 지시를 내려도 그 결과가 항상 일정하지 않습니다. 심지어 동일한 모델에 똑같은 프롬프트를 입력하더라도 실행할 때마다 다른 결과물이 생성될 수 있는 비결정적non-deterministic 특성을 갖습니다.

물론 AI가 사용자의 모호한 지시를 추론하여 때로는 기대 이상의 결과를 내놓는 경우도 있습니다. 하지만 우리가 원하는 결과물을 일관되고 정확하게 얻기 위해서는 "개떡같이 말해도 찰떡같이 알아듣기"를 기대하기보다 "찰떡같이 명확하게 지시해야 찰떡같이 알아듣는다"는 자세로 접근하는 것이 중요합니다.

생성형 AI의 이러한 특성 때문에, 사용자가 AI의 방대한 잠재력을 가장 효율적으로 끌어내기 위한 방법론이 필요해졌습니다. 바로 이 지점에서 '프롬프트 엔지니어링Prompt Engineering'이라는 개념이 등장했습니다. 단순히 질문을 입력하는 행위를 넘어, AI가 최적의 결과물을 생성하도록 유도하는 체계적이고 논리적인 질문 구성 기법의 중요성을 강조하기 위해 '프롬프트'와 '엔지니어링'이라는 단어를 결합한 것입니다.

프롬프트 엔지니어링은 생성형 AI 모델이 가진 근본적인 속성에 대한 이해에서 출발합니다. LLM은 사용자가 제시한 프롬프트를 해석하고, 그 요청에 가장 적합하다고 판단되는 단어들을 확률적으로 연쇄 생성하며 결과물을 완성하는 방식으로 작동합니다. 이때 산출물의 품질은 모델이 학습한 데이터의 양과 질, 그리고 다양성에 크게 좌우됩니다. 또한 이 데이터를 통해 학습된 지식과 복잡한 패턴을 저장하고 표현하는 파라미터Parameter의 크기 역시 모델의 능력을 결정짓는 핵심 요소입니다.

나아가, 방대한 데이터를 통한 사전 학습만으로는 부족한 부분을 인간의 피드백을 통해 특정 목적에 맞게 미세 조정하는 파인튜닝Fine-tuning 과정의 완성도가 최종 결과물의 수준을 결정합니다. 결국 잘 설계된 프롬프트란, 이처럼 복잡한 모델의 내부 구조와 학습된 잠재력을 가장 효과적으로 자극하여 최상의 결과물을 이끌어내는 열쇠와도 같습니다.

LLM에 기반을 둔 생성형 AI의 이런 특징을 바탕 삼아 프롬프트 엔지니어링의 기본적인 얼개가 마련되었습니다.

프롬프팅 엔지니어링 기초 가이드는 다음과 같습니다.

1. 명확하고 구체적으로 지시하라(Be Clear and Specific)

AI는 여러분이 생각하는 것을 정확히 알지 못합니다. 모호하거나 추상적인 표현은 원치 않는 결과로 이어질 수 있습니다. 따라서 누가, 무엇을, 언제, 어디서, 왜, 어떻게(5W1H)를 프롬프트에 명확히 제시하세요.

2. 역할Persona을 부여하라(Assign a Role)

AI에게 특정 역할이나 전문성을 부여하면 해당 역할에 맞는 어조, 지식, 관점으로 답변을 생성하도록 유도할 수 있습니다. 예를 들어 "당신은 [역할]입니다." 또는 "[역할]처럼 행동해주세요."와 같은 문구를 사용하세요.

3. 목표와 제약 조건을 명시하라(Define Goal and Constraints)

AI가 달성해야 할 최종 목표와 그 목표를 달성하는 과정에서 지켜야 할 규칙이나 제약 조건을 명확히 알려주세요. 예를 들어 "결과물은 [목표]를 달성해야 하며, [제약 조건]을 준수해야 한다."와 같이 프롬프팅합니다.

4. 형식과 구조를 지정하라(Specify Format and Structure)

원하는 결과물의 형식(예: 목록, 표, JSON, 서론-본론-결론)을 명확히 지정하면 AI가 그에 맞춰 결과를 생성합니다. 이를테면 "결과물을 [형식]으로 작성해줘.", "[섹션]을 포함해줘."라고 프롬프팅합니다.

5. 예시를 제공하라(Provide Examples : Few-shot Learning)

몇 가지 입력-출력 쌍의 예시를 제공하여 모델이 패턴을 학습하도록 합니다. 예시 개수에 따라 제로샷, 원샷, 퓨샷으로 구분합니다. AI가 어떤 종류의 결과물을 산출하기를 원하는지 가장 효과적으로 보여주는 방법 중 하나입니다.

6. 사고 과정을 유도하라(Guide Thinking Process : Chain-of-Thought)

고도의 사고를 요구하는 일을 AI에게 지시할 때 생각의 사슬 기법을 활용합니다. AI가 스스로 추론하면서 과제를 해결하도록 하는 기법입니다.

퓨샷few-shot 생각의 사슬 기법은 프롬프트에 추론에 필요한 예시를 제시하고 문제를 주는 것입니다. 제로샷zero-shot 생각의 사슬 기법은 예시 없이 과제를 주면서 "단계적으로 생각해봐Think step by step"라는 문장을 넣어서 AI가 스스로 추론을 하도록 지시하는 기법입니다.

7. 피드백을 주고 반복적으로 개선하라(Iterate and Refine with Feedback)

AI 사용에서 가장 큰 장점은 연속적인 대화와 함께 지시가 얼마든지 가능하다는 점입니다. 따라서 첫 번째 산출물이 완벽하지 않아도 괜찮습니다. 사용자가 AI에게 피드백을 주면서 원하는 산출물이 나오도록 유도할 수 있습니다. 예를 들어 "더 [구체적으로/짧게/친근하게] 바꿔줘.", "[내용]을 추가해줘.", "[내용]을 제거해줘."라고 프롬프팅하면서 산출물 수준을 높여갈 수 있습니다.

프롬프트 엔지니어링은 한 번 배우고 끝나는 고정된 기술이 아닙니다. 새로운 AI 모델이 등장할 때마다 그 잠재력을 최대한 끌어내는 새로운 기법들이 계속해서 추가되기 때문입니다. 실제로 전 세계 대학, 연구소, 기업의 AI 연구자들은 LLM의 한계를 시험하며 더 효과적인 프롬프트 기법을 발견하고, 이를 논문으로 앞다투어 발표하며 기술의 발전을 이끌고 있습니다.

결국 생성형 AI를 제대로 사용한다는 것은 이처럼 끊임없이 발전하는 AI 모델 각각의 특성과 장단점을 파악하고, 그에 발맞춰 가장 효율적인 소통 방식인 프롬프트 엔지니어링 기법을 꾸준히 익혀나가는 과정 그 자체를 의미합니다.

프롬프트 엔지니어링, 수준 편차가 심하다

생성형 AI를 처음 접하는 사용자 대부분은 프롬프트 엔지니어링의 세계에 비교적 쉽게 입문합니다. 우리가 일상에서 사용하는 자연어로 AI와 소통할 수 있고, 프롬프트 작성을 돕는 보조 도구들도 많아 진입 장벽이 낮기 때문입니다.

사용자들은 궁금한 점을 검색하고, 광고 문구나 발표 자료 같은 텍스트 초안을 만들며, 때로는 이미지 생성 AI를 이용해 자신의 사진을 특정 화풍으로 바꾸는 등 AI의 편리함을 금방 체득합니다. 이 과정에서 몇 번의 시행착오를 통해 '구체적으로 지시하기', '역할 부여하기', '예시 보여주기'와 같은 프롬프트의 기본 원칙을 자연스럽게 익히게 됩니다.

하지만 AI 활용의 진정한 실력 차이는 단순 콘텐츠 생성을 넘어설 때 비로소 드러납니다. 심층 시장 조사, 복잡한 데이터 분석, 애플리케이션 개발과 같이 난도가 높은 전문적인 작업을 시도할 때, 초보자들은 명확한 한계에 부딪힙니다. 기본적인 프롬프팅 기법만으로는 이런 복합적인 과제를 해결하기 어렵기 때문입니다.

숙련된 전문가는 단순히 명령을 내리는 것을 넘어, 해결할 문제의 속성에 맞게 프롬프트를 구조적이고 논리적으로 설계합니다. 또한 AI가 내놓는 중간 결과물을 보고 즉석에서 프롬프트를 수정하며 AI를 원하는 목표 지점으로 이끌어가는, 이른바 'AI와의 티키타카'에 능숙합니다. 필요할 때는 LLM의 특성을 활용한 고급 프롬프트 엔지니어링 기법까지 동원합니다.

결론적으로 이러한 고급 프롬프트 엔지니어링을 능숙하게 구사하지 못한다면, 복잡한 문제 해결 과정에서 수많은 시행착오만 거듭하게 됩니다. 이는 결국 AI를 활용해 시간을 아끼고 품질을 높이려고

하는 본래의 목적마저 무색하게 하며, 오히려 생산성을 저해하는 결과로 이어질 수 있습니다.

변화가 심하고
선택지가 너무 많다

◆ ◆ ◆

최근 생성형 AI 시장은 마치 화려한 '뷔페 레스토랑'을 연상케 합니다. 입구에 들어서면 눈이 휘둥그레질 만큼 다채로운 음식들이 펼쳐지듯, 사용자 앞에 너무나 많은 선택지가 놓여 있습니다.

가장 먼저 눈에 띄는 것은 AI 모델 자체의 범람입니다. 오픈AI, 구글, 앤트로픽 등 빅테크 기업들이 패권 경쟁을 벌이며 저마다 특성이 다른 모델들을 쉴 새 없이 쏟아내고 있습니다. 챗지피티를 서비스하는 오픈AI는 25년 8월 GPT-5를 발표했고, 구글은 같은 해 9월 제미나이 2.5 플래시를 선보이는 등 새로운 모델 출시 경쟁을 숨 가쁘게 벌이고 있습니다.

이렇듯 AI 모델은 정신없이 쏟아지는데, 사용자들은 각 모델의 특성과 쓰임새를 직관적으로 알기가 어렵습니다. 물론 오픈AI는

GPT-5를 출시하며 일반 사용자가 접하는 챗지피티 메뉴판에서 모델을 하나로 통합하는 등 표면적인 복잡성을 줄이고자 노력하고 있습니다. 하지만 진짜 문제는 여기서 그치지 않습니다. 일반 사용자에게 보이는 메뉴판이 간소화되더라도, 개발자나 전문 사용자가 마주하는 API 선택지는 훨씬 더 복잡합니다. 미세한 성능과 토큰token 사용량에 따라 비용이 달라지기에, 자신의 작업에 최적화된 모델을 고르는 것은 상당한 지식과 경험을 요구하는 일이 되었습니다. 일반 사용자도 웹 또는 앱을 개발하거나 데이터를 수집하려고 할 때 API를 사용해야 하므로, API 성능과 가격을 신경 쓰지 않을 수 없습니다.

선택의 어려움은 개별 AI 서비스를 넘어 IT 생태계 전체로 확장됩니다. 마이크로소프트의 'Microsoft 365'나 구글의 'Google Workspace'처럼 기존 오피스 도구들은 AI와 결합하여 완전히 새로운 모습으로 재단장했습니다. 여기에 더해, 광고 문구 생성에 특화된 '재스퍼Jasper' 같은 수많은 버티컬 AI 서비스와 이미지 및 영상 생성에 특화된 도구들이 폭발적으로 등장하며 선택지를 더욱 늘리고 있습니다.

이처럼 풍요로운 선택지는 처음에는 '무엇이든 할 수 있겠다'는 기대감을 주지만, 곧 피로감으로 바뀔 수 있습니다. 뷔페에서 이것저것 맛보았지만 막상 무엇을 제대로 먹었는지 기억나지 않는 것처럼,

여러 AI 서비스를 전전하다 보면 뚜렷한 성과 없이 시간만 낭비했다는 허탈감을 느끼기 쉽습니다.

AI 온라인 교육 업체인 코시브Coursive가 제시한 AI 학습 대상 서비스 목록

결국 중요한 것은 화려한 메뉴판에 현혹되지 않고, 나의 목적에 맞는 '일품요리'를 찾아 깊이 있게 활용하는 능력입니다. 수많은 선택지 속에서 옥석을 가려내고 하나의 도구를 제대로 마스터하는 것, 이것이 지금의 AI 시대를 살아가는 사용자에게 가장 필요한 역량일지 모릅니다.

AI 활용 수준을 결정하는 요소

앞서 살펴봤듯이 AI에 입문해서 일상사와 업무에 활용하는 것은 쉬워 보입니다. 하지만 막상 AI의 막강한 잠재력을 활용해 그동안 해결하지 못했던 문제를 해결하려고 하면 많은 이들이 여러 장벽에 가로막힙니다. 물론 AI를 일찌감치 일과 삶에 도입해 남보다 뛰어난 성과를 내는 사람들도 꽤 있습니다.

AI 활용 수준 차이를 결정하는 요소는 무엇일까요?

첫째 요소는 예제를 통해 배운 프롬프트 엔지니어링 기법을 실제 자신의 업무에 적용할 수 있는 응용력입니다. AI 초보 사용자들은 프롬프트 엔지니어링 기초를 예제를 통해 익힙니다. 예제는 어디까지나 예제일 뿐입니다. 그다음 단계로 넘어가 실제 업무에서 AI를 이용해 해결하고 싶은 일거리를 찾고, 이어 예제에서 배운 기법을 그 일거리에 적용해야 합니다. 예제 속 프롬프트를 자신의 과제에 맞게 이리저리 수정하면서 실제 AI를 통해 과제를 해결하는 성공 경험을 쌓아야 하는 것입니다. 이처럼 실제 일거리에 AI를 접목시켜 손맛을 봐야 그때부터 응용력이 생깁니다.

두 번째, 흔히 도메인 지식이라고 부르는 전문성을 프롬프트 엔지니어링에 잘 활용해야 합니다. 도메인 지식은 AI를 활용해 무엇을 할지 구상할 때 먼저 필요합니다. 이어 그 아이템을 만드는 방법을 요소별로 쪼개고 프로세스를 구상할 때도 필요합니다.

예를 들어 초개인화 영어회화 챗봇과 같은 아이템은 외국어 교육 경험이 있는 사람이 아이디어를 잘 낼 수 있습니다. 또 이런 사람은 두루뭉술하게 '영어회화 챗봇 만들어줘'라는 식으로 프롬프트를 짜지 않습니다. 영어회화를 돕는 챗봇은 기본적으로 사용자의 언어 수준을 재빨리 파악하고 그 수준에 맞게 튜터로서 역할을 해야 함을 인지하고 그 점을 프롬프트에 반영할 것입니다.

이처럼 AI 활용 수준은 프롬프트 엔지니어링 기법 그 자체보다 응용력과 도메인 지식 활용이 크게 좌지우지합니다. 하지만 프롬프트 엔지니어링 수준을 높이기 위해 응용력과 도메인 지식 활용 능력을 어떻게 키울 것인가라는 질문에는 답을 하기가 참 어렵습니다. 응용력과 도메인 지식 활용이라는 말 자체가 추상성이 아주 높기 때문입니다.

실제 사용자들의 AI 입문에서부터 숙달 과정을 지켜보면 상위

20%는 스스로 알아서 응용력과 도메인 전문 지식을 사용하여 확실한 성과를 냅니다. 이에 비해 나머지 80%는 AI를 그럭저럭 사용하는 평균 수준에 그칩니다.

이런 차이를 응용력과 도메인 전문 지식 활용 차이라고 설명하면 동어반복일 뿐입니다.

새로운 AI 학습 프레임워크 필요

앞서 여러 차례 언급했듯이 AI는 이미 새로운 범용 기술 또는 범용 오피스 도구로서 일터에 깊고 넓게 뿌리를 내렸습니다. 그 확산 속도는 더욱 빨라져 조만간 AI는 삶과 일에서 떼려야 뗄 수 없는, 공기와 같은 존재가 될 것입니다.

하지만 대부분의 직장인들이 현재와 같은 AI 학습 방법을 사용하면 표피적 사용에 그칠 가능성이 높습니다. 즉 AI를 글쓰기, 슬라이드 작성, 보고서 작성, 회의 내용 요약, 자료 조사 등 기존 업무 보조 도구 정도로 사용할 가능성이 높은 것입니다.

기존 오피스 도구의 경우 개인 간의 활용 수준 차이가 그리 크지 않고, 수준 차이가 난다고 해도 실제 업무 수행에 큰 영향을 미치지 않습니다. 이에 비해 AI의 경우 평범한 수준과 잘 사용하는 사람의 수준 차이가 아주 크고 업무에도 큰 영향을 미칩니다. 경우에 따라서는 AI 활용 수준 차이가 일자리를 지키느냐 잃느냐에 직접적인 영향력을 행사할 것입니다. AI를 활용해 확실한 성과를 내는 상위 20%는 자신의 일자리를 지키고 더 발전할 가능성이 높습니다. 이에 비해 업무 보조 도구로 AI를 그럭저럭 사용할 줄 아는 나머지 80%는 머지않아 일자리를 잃을 위기에 처할 수도 있습니다.

AI 입문은 쉬워도 성과를 내기 어려운 이유는 앞에서 살폈듯이 자연어를 사용자 인터페이스로 사용하는 LLM의 고유한 특성을 비롯하여, 모델 발전 속도가 빠르고 또 선택지가 너무 많다는 점에서 찾을 수 있습니다. 이런 점으로 인해 누구나 일정한 수준에 이르게 하는 표준화된 학습 방법론이 아직까지 나오지 않았습니다. AI 모델 이해와 프롬프트 엔지니어링 중심의 기존 학습 프레임워크로는 AI를 자유자재로 다루면서 확실한 성과를 내는 노하우를 스스로 터득할 수 없습니다.

이제 AI를 새로운 범용 오피스 도구로 받아들이되, 이전 오피스 도구를 수용할 때와 전혀 다른 학습 프레임워크로 나아가야 할 때입니다.

우선, 프롬프트 엔지니어링 기본기를 익히고 나서 실제 업무에 적용하면서 경험과 노하우를 쌓는 응용력을 발휘할 수 있는 학습 프레임워크가 필요합니다. 즉 예제를 통해 배운 기법을 실전에 사용하면서 자신만의 노하우를 터득할 수 있어야 합니다.

둘째, 자신이 속한 분야에서 쌓은 전문 지식을 AI 사용에 활용할 수 있는 학습 프레임워크가 필요합니다.

셋째, 복잡하고 다양한 AI 생태계에서 자신이 필요한 것을 적절하게 고를 줄 아는 안목을 키우는 학습 방법론이 필요합니다. 이 요소는 AI 활용과 관련된 효율성과 비용 이슈와 밀접합니다. AI를 사용해서 같은 일을 처리하는 데 시간과 비용이 더 높아지는 우를 범해서는 안 되겠죠.

넷째, AI를 활용하면서 여러 가지 어려움을 만날 때마다 그 어려움을 돌파하는 자세와 노하우를 익힐 수 있는 학습 프레임워크가 필요합니다.

마지막으로 AI가 갖는 기술적 의미를 넘어 문명사적 의미를 이해하고 스스로 주인 의식을 갖고 AI를 다룰 수 있는 자기주도적 학습 방법론이 절실합니다.

구글과 오픈AI는 트랜스포머 아키텍처와 자기주도학습Self-Supervised Learning 방식을 통해 AI 혁명을 이끌었습니다. 기계가 정답지 없이 방대한 데이터에서 스스로 패턴을 찾아 지능을 얻었듯이, 이제 우리 인간도 AI를 사용하는 주체로서 정해진 답이 없는 길을 스스로 탐색해야 합니다.

이를 위해 AI의 기술적 의미를 넘어 문명사적 중요성을 이해하고, 도구의 주인이 되겠다는 의식을 바탕으로 'AI를 능숙하게 활용하기 위한 우리만의 자기주도적 학습 방법론'을 시급히 정립해야 합니다. 이것이 바로 AI 시대에 인간 고유의 지위와 역할을 지켜나가는 길이 될 것입니다.

3장

직장인에게
AI란?

AI, 도구가 아니라
사람으로 대하기

◆ ◆ ◆

미국 와튼 스쿨의 이선 몰릭Ethan Mollick 교수는 저서 『듀얼 브레인 CO-INTELLIGENCE : Living and Working with AI』에서 챗지피티가 열어젖힌 LLM 기반 생성형 AI 시대가 인간 사회에 미친 영향력을 분석하였습니다. 몰릭 교수는 범용 도구로서 사용할 때 AI를 사람으로 대하라는 대전제를 제시합니다. 이어 AI에게 사람, 창작가, 동료, 교사, 코치 등 다양한 역할 중에서 어떤 역할을 맡기느냐에 따라 AI가 어떤 특성을 보이며 어떤 산출물을 내는지 상세하게 소개합니다.

몰릭 교수는 협업 동료로서 AI에게 역할을 부여할 때 사람이 취해야 할 태도를 이야기하며 '켄타우로스'와 '사이보그'를 빌려옵니다. 켄타우로스는 그리스 신화에 나오는 반인반수입니다. 몰릭은 사람과 AI의 경계가 뚜렷하다는 것을 강조하기 위해 켄타우로스라는 용어를 빌려왔습니다. 이처럼 사람과 기계 사이에 명확한 경계를 나눌 수 있으면 켄타우로스가 됩니다.

반면에 사이보그는 기계와 사람이 깊이 통합된 상태로 뒤섞여 있습니다. 사이보그는 단순히 일부 작업을 AI에게 위임하는 것이 아니라, 들쭉날쭉한 경계 안팎을 오가면서 AI와 함께 작업을 수행합니다.

몰릭 교수는 사람이 AI에게 시키는 일의 성격에 따라 AI는 켄타우로스가 되기도, 사이보그가 되기도 한다고 합니다. 특히 그는 자신이 『듀얼 브레인』을 쓸 때 두 가지 AI 모델을 어떻게 사용했는지 소개하면서 켄타우로스와 사이보그 모델의 실제 사용 경험을 털어놓았습니다. 논문 요약처럼 명확히 역할을 나눌 수 있는 작업은 켄타우로스 방식으로, 글을 매끄럽게 다듬거나 막힌 문단을 푸는 창작 과정에서는 사이보그처럼 경계를 허물며 AI와 협업했다고 밝힙니다.

또 그는 AI에게 출판사 편집자 역할을 부여하면서, 각기 다른 세 개의 캐릭터를 설정해 자신이 집필 중인 책 원고에 대해 조언을 구했던 경험을 소개합니다.

첫 번째 캐릭터는 비판적 피드백을 주는 캐릭터(오지만디아스)로서 AI에 까칠하고 깐깐하게 자신의 원고를 읽고 조언하도록 했습니다.

두 번째 캐릭터(므네모시네)는 창의적인 자극을 주는 편집자로서 흥미로운 연결고리와 이야기를 찾아내는 역할을 맡겨 원고에 대한 조언을 구했습니다. 세 번째 캐릭터는 평범한 사람처럼 행동하는 캐릭터(스티브)로서 몰릭은 "네 임무는 요즘 인기 있는 과학 서적과 경영 서적을 즐겨 읽는 독자가 되는 것"이라고 설정하고 자신의 원고를 제시하고 의견을 구했습니다.

몰릭은 각기 다른 세 가지 AI 편집자와 협업한 경험에 대해 "그들의 조언은 직접적으로 문체나 주장을 바꾸지 않으면서도 내 집필 방식에 큰 변화를 주었다. 나는 AI를 사용한 덕분에 추진력을 잃지 않고 글을 쓸 수 있었고, 전에는 생각지도 못했던 아이디어를 자주 얻을 수 있었다"고 말했습니다.

몰릭 교수는 결론적으로 AI를 단순 도구가 아닌 '공동지능Co-Intelligence'으로 인식하고 사람처럼 대하며 함께 일하는 방법을 터득할 것을 제안합니다. 이런 접근법은 기존 AI의 기술적 측면 또는 프롬프트 엔지니어링을 중심으로 풀이하는 AI 학습 프레임워크와 크게 다릅니다.

저는 몰릭이 제시한 '공동지능'으로서의 AI론에 무릎을 탁 쳤습니다. 생성형 AI를 사용하면서 느꼈던 많은 문제들에 대한 해법을 공동지능론에서 찾을 수 있다는 희망을 가진 것입니다.

공동지능론은 AI를 도구로 대하는 인식 틀에서 벗어나게 해줌으로써, 진화하고 성장하는 AI의 진면목을 제대로 이해할 수 있습니다. 아울러 AI의 한계가 AI 그 자체와 함께 사용자인 사람으로 인해 발생한다는 점도 분명하게 알려줍니다. 그러면서 AI가 기존 범용 오피스 도구와 달리 인간에게 구체적으로 어떤 이익을 주는지도 명확히 밝힙니다.

노동력 빌리기에서 뇌 빌리기

세자르 히달고César Hidalgo MIT 교수는 2019년 TED 강연("정치인을 대체할 대담한 아이디어A bold idea to replace politicians")에서 대의민주주의 대안으로 거론되는 직접민주주의는 개별 인간의 인지대역폭 제한으로 인해 실현이 불가능하다고 분석했습니다. 대역폭bandwidth은 네트워크에서 하나의 회선에서 처리할 수 있는 정보량과 속도를 뜻하는데, 대역폭이 클수록 한꺼번에 대용량 정보를 주고받을 수 있습니다.

히달고 교수는 네트워크의 대역폭 개념을 인간의 사고 처리 능력에 적용하여 '인지대역폭cognitive bandwidth'이라는 개념을 고안했습니다. 모든 개별 유권자가 매년 미국 의회에서 다루는 수천 건의 복잡한 법안을 일일이 분석해 자신의 의사를 결정하는 일은 인지대역폭의 제약 때문에 불가능하다는 것입니다. 대안으로 그는 소프트웨어 에이전트를 도입하여 미 의회에서 다뤄지는 수천 건의 법안을 개별 유권자 대신에 에이전트가 순식간에 분석하여 법안마다 개별 투표권을 행사하는 방안을 제시하였습니다.

히달고의 인지대역폭은 공동지능론에 많은 영감을 줍니다. 기존 범용 오피스 도구는 이름 그대로 인간을 보조하는 도구 성격을 띱니다. 이에 비해 AI는 도구 성격을 뛰어넘어 인간의 뇌가 기존 생물적 한계를 벗어나 무한대로 확장된 또 하나의 뇌라는 성격을 띱니다. 인간은 AI를 자신의 생물학적 뇌에 연결함으로써 인지대역폭을 무한대로 확장할 수 있는 길을 찾은 것입니다. 인지대역폭 확장에 대한 인간의 욕구는 오래된 것이며 또 근본적인 것이기도 합니다.

제가 경영자로 재직할 때 아침에 출근을 하면 컴퓨터를 켜고 전자 결재 서류를 보는 일이 늘 부담스러웠습니다. 그나마 결재 서류를 받기 전에 충분히 관련 문서를 검토하고 궁금한 점을 해소한 경우에는 부담 없이 승인 버튼을 클릭합니다. 또 매월 정기적으로 결재하는 서류도 문제없이 승인합니다. 하지만 처음 보는 듯한 문서나 충분히 검토하지 못한 사안에 대한 결재 서류는 조금이라도 승인을 미루고 싶어집니다. 좀 더 알아보거나 시간을 두고 판단하고 싶은 욕구 때문입니다.

그런데 경영자로서 아무리 하루 종일 일해도 회사에서 벌어지는 모든 일을 파악하기란 불가능합니다. 결재를 할 때마다 시간에 쫓겨서 마지못해 승인할 수밖에 없는 느낌을 떨쳐버리기 어렵습니다.

개인의 일상에서도 회사 일처럼 늘 떠밀리다 막판에 몰려서 결정하는 경우가 많습니다. 제품을 구매하거나 여행지를 결정할 때 필요한 정보를 수집해 가격, 특징, 위험 요소 등을 꼼꼼하게 따져서 결정해야 하는데 실제는 그렇게 하지 못합니다.

회사 일과 개인 일이 이처럼 불충분한 정보 상태에서 시간에 쫓겨 결정을 강요당하는 것은 인간의 인지대역폭이 제한적인 데 비해 처리해야 할 정보량은 기하급수적으로 폭증하기 때문입니다.

지금의 디지털 시대에는 남들 하듯이 마음 편하게 선택해도 되는 것이 거의 없다고 봐야 합니다. 중고등 자녀를 둔 부모들은 복잡한 입시제도에 대한 정보를 광범위하게 수집해 분석한 다음 제대로 된 판단을 내려야 하고, 금융 투자 상품을 선택할 때도 머리를 싸매고 복잡한 상품을 이해해야 합니다. 이처럼 금융, 의료, 교육, 주거, 쇼핑 등 모든 분야에서 디지털 이전 시대에 비해 선택지가 기하급수적으로 늘어납니다. 인간의 인지대역폭은 제한되어 있는데 정보량은 폭증하는 바람에 부조화 현상이 빚어지는 것입니다.

히달고의 인지대역폭 개념은 공동지능으로서 AI가 인간에게 어떤 편익을 제공하는지를 명확하게 설명하는 데 크게 도움을 줍니다. AI는 인간과 닮은 뇌를 누구에게나 제공함으로써 개별 인간의 인지대역폭을 획기적으로 넓혀주었습니다. 생물학적인 뇌에 AI를 연결함으로써, 인간이 남의 뇌를 빌려 쓸 수 있는 길이 활짝 열린 것입니다.

신데렐라에서
셜록 홈스로

◆ ◆ ◆

필자는 PC와 인터넷의 등장을 보면서 범용 기술을 통해 남에게 의존하지 않고 내가 필요할 때 기술을 사용할 수 있는 가능성을 봤습니다. 실제 저는 HTML, 리눅스 등 사이트 구축에 필요한 기술을 배워 혼자 웹사이트를 만들어 직접 운영하면서, 인터넷 시대에 기술 자립이 가능함을 몸소 체험하기도 했습니다.

2006년 동영상 공유 스타트업을 시작하면서 회사 경영에 협업이 절실하다는 점을 느끼고 디지털 기술을 활용한 협업 방안을 적극적으로 찾았습니다. 적은 인력으로 감당하기 어려운 과제를 수행하려면 임직원이 자료를 공유하고 소통 비용을 크게 낮춰야만 했습니다.

그런데 이메일, 메신저, 인트라넷 등 기존 협업 도구로서는 원하는 수준의 협업을 작동시키기가 거의 불가능했습니다. 각종 자료가 각자의 PC 하드디스크에 저장되어 있으니, 자료를 공유하려면 이메일 첨부 파일이나 웹하드를 통해야 했습니다. 여러 팀에 걸쳐 있는 자료를 모아서 최종본을 만들려면 이메일로 수십 차례 소통을 해야 했죠. 그마저도 퇴근 후나 주말이면 회사 PC에 있는 자료는 활용이 거의 불가능했습니다.

마침 오피스 도구 가운데 핵심인 워드프로세서를 웹브라우저에서 사용할 수 있는 웹오피스 도구들이 나오는 것을 보고 구글 워크스페이스(당시 구글 앱스로 불림)를 회사의 기본 오피스 도구로 도입했습니다. 임직원들에게 MS워드와 아래아한글 대신 구글 독스(docs)를 사용하도록 한 것입니다. 독스는 구글 워크스페이스 패키지 중 하나로서 텍스트 문서를 작성하는 워드프로세서입니다.

협업을 위해 웹오피스 도입을 결정한 것은 기존 PC 기반 문서 작업 도구가 각자의 PC에서 돌아가고, 또 작업한 문서도 각자의 PC에 저장되는 점이 협업을 방해하는 결정적인 요소라는 점에 착안한 것입니다. 이에 비해 웹 기반 문서 작업 도구는 인터넷만 연결되면 모든 PC에서 쓸 수 있고 작업한 문서도 데이터센터에 자동 보관되니 회사 직원들이 서로 문서를 쉽게 공유할 수 있습니다.

웹오피스를 도입하니 가장 먼저 저의 업무 효율성이 크게 높아졌습니다. 구글 독스를 이용하면 언제 어디서든지 작업을 하고 또 필요한 문서를 즉석에서 검색할 수 있었습니다. 따라서 자기와의 협업이 먼저 가능했습니다.

이어 임직원과 함께 논의할 문서를 초안 상태부터 공유하여, 하나의 문서에 관련된 사람의 정보와 의견을 취합하여 함께 사용하였습니다. 이를 통해 다른 사람과의 협업을 실현했습니다. 자기와의 협업 그리고 다른 사람과의 협업을 웹오피스 도구와 같은 클라우드 컴퓨팅 솔루션을 통해 현실에 적용한 것입니다.

저는 클라우드 컴퓨팅을 활용한 협업을 쉽게 설명하기 위해 그림형제의 동화 『신데렐라』를 인용하였습니다. 동화 속에서 신데렐라는 무도회에 가고 싶었지만 계모가 혼자서는 감당하기 어려운 집안일을 시킵니다. 절망에 빠진 신데렐라에게 동물들이 나타나 신데렐라의 일을 대신 처리해줍니다. 신데렐라가 무도회가 시작되기 전에 많은 일을 처리할 수 있었던 것은 바로 동물들의 노동력을 빌렸던 덕분입니다.

끝도 없이 쏟아지는 일을 퇴근 전에 깔끔하게 끝내놓기 위해서는 신데렐라처럼 다른 사람의 노동력을 빌릴 수 있어야 합니다. 저는 디지털 시대 직장인이 남의 노동력을 빌리게 해주는 마법의 도구가 바로 웹오피스와 같은 클라우드 컴퓨팅이라고 비유했습니다. 클라우드는 애플리케이션과 문서를 개인 컴퓨터가 아니라 구름Cloud 위에 올려놓고 여러 사람이 함께 원격으로 협업할 수 있는 플랫폼이기 때문입니다.

새로 등장한 생성형 AI 역시 클라우드 컴퓨팅 기반에서 작동합니다. 그러면서 웹오피스, 사스SaaS, Software as a Service 등 클라우드 애플리케이션과는 전혀 다른 능력을 발휘합니다. AI는 인간의 뇌처럼 작동하면서도 지식의 규모와 사고 속도면에서 개별 인간을 압도합니다. 우리는 이제 그런 어마어마한 능력을 지닌 AI를 24시간 365일 언제 어디서든지 빌려서 나의 뇌에 연결하여 사용할 수 있습니다.

저는 이선 몰릭의 공동지능론을 접하고 직장인에게 사람으로서 AI를 가장 쉽게 설명할 수 있는 새로운 메타포를 구상했습니다. 신데렐라 스토리가 남의 노동력 빌리기를 설명하는 데 적합했다면 남의 뇌 빌리기를 쉽게 설명할 수 있는 새로운 메타포가 필요하다고 판단한 거죠.

코넌 도일의 홈스 - 왓슨 캐릭터 창조

코넌 도일의 홈스 시리즈에 나오는 셜록 홈스는 세계 추리 작품의 등장인물 가운데 가장 위대한 탐정으로 인정받습니다. 아무리 어려운 사건이라도 날카로운 추리력과 끈질긴 수사를 통해 전모를 밝혀내는 홈스는 21세기에도 여전히 매력적인 캐릭터로 전 세계인의 사랑을 받고 있습니다.

그런데 도일이 창조한 셜록 홈스 캐릭터는 하숙집 동료인 존 H. 왓슨 박사가 없다면 그 매력이 반감되었을 것입니다. 소설에서는 괴팍하지만 날카로운 지성을 지닌 홈스가 주인공 역할을, 지적이지만 수사에 문외한인 왓슨이 홈스의 대화 상대이자 기록자, 조력자 역할을 맡습니다.

흥미로운 점은 왓슨은 작가인 도일 자신의 캐릭터를 반영하고 있고, 홈스는 그의 스승인 조지프 벨 박사의 캐릭터를 반영했다는 점입니다. 코넌 도일은 스승인 조지프 벨 박사로부터 많은 영향을 받았습니다. 1870년대 에든버러 대학교에서 벨 박사에게 의학을 사사한 도일은 훗날 벨 박사에게 다음과 같은 편지를 썼습니다. "제가 셜록 홈스라는 인물을 창조한 것은 분명 교수님 덕분입니다. 그(홈스)의 분석 작업은 외래환자 병동에서 교수님이 보여주신 어떤 효과들을 조금도 과장하지 않고 그대로 옮긴 겁니다."

도일에 따르면 벨 박사는 환자를 진단한 다음 어떤 종류의 병력도 보지 않은 채 환자의 배경을 알아내는 탁월한 능력을 발휘했다고 합니다. 환자가 몸을 뒤로 젖히며 걷는 모습을 보고 선원임을 알아냈고, 문신으로 여행가의 경로를 맞혔으며, 환자의 손을 한번 힐끗 보고서 몇 가지 직업을 전전했는지 꿰뚫어 보았습니다. 또한 벨 박사는 제자 코넌 도일이 지켜보는 앞에서 어떤 환자가 어느 지역, 어느 부대에서 언제쯤 제대했으며 계급이 육군 하사관이라는 사실까지 정확히 알아맞혔다고 합니다.

벨 교수의 지도 아래 의사가 된 도일은 나중에 소설가로 변신하면서 자신의 내면에 있는 벨 박사 캐릭터와 본래 자신의 캐릭터를 두 개로 분리하여 각각 홈스와 왓슨이라는 인물을 창조했습니다. 도일은 이처럼 홈스와 왓슨이라는 보완적이면서 협력적인 캐릭터를 창출함으로써, 홈스 시리즈를 이끌어나가는 데 엄청난 효율성을 발휘하며 독자들에게 색다른 재미를 선사했습니다.

홈스와 왓슨은 서로 닮은 듯하면서 서로를 보완해줍니다. 또 홈스의 성장과 성취는 왓슨의 성장과 성취이기도 합니다. 또 그 반대 관계이기도 합니다. 홈스가 거울을 바라보면 왓슨이 비치고, 왓슨이 거울을 보면 홈스가 비치는 거울 관계입니다. 홈스는 왓슨에게 약간 거들먹거리며 두 사람의 거울 관계를 다음과 같이 말했습니다. "자네는 혼자서 빛을 낼 수 없을지 모르지만 빛의 전달자라네. 천재성이 없는 사람들은 천재성을 자극하는 뛰어난 힘을 가지고 있지."

무엇보다 왓슨은 홈스를 돋보이게 하기에 나무랄 데 없었고 (간혹 짜증이 날 정도로 수수께끼 같은 방식이었지만) 홈스의 생각 기차에 대해 논할 수 있는 사람이었습니다.

홈스는 왓슨의 역할에 대해 다음과 같이 말하기도 했습니다. "다른 사람에게 사건에 대해 전달하면서 사건을 확실하게 해결할 실마리를 얻을 수 있다." 이뿐 아니라 생각에 허점이 생기면 왓슨과 더불어 자신의 추리에 대해 이야기를 나누면서 허점을 확실하게 밝혀냈습니다.

왓슨도 홈스에 대해 무한한 신뢰를 표현했습니다. "나와 친분이 있는 사람은 많이 있을 것이다. 하지만 중요한 것은 친분 있는 사람의 수가 아니라 누구를 친구로 여길 것인가 선택하는 것이다." "내게 홈스의 수사 과정을 따라다니는 것보다 더 즐거운 일은 없다. 논리를 토대로 자신에게 맡겨진 문제를 해결하는 그의 신속하고도 직관만큼 즉각적인 추론에 감탄하게 되기 때문이다."

현대 뇌과학의 관점에서 도일의 홈스-왓슨 모델을 해석하면 사람(또는 뇌)을 복제하여 두 개로 만들되 서로 중복되지 않고 보완적으로 작동하도록 연결했다고 볼 수 있습니다. 홈스는 사건 수사의 주체로서 사건 구조를 분석하고 해결에 필요한 가설 추론을 진행합니다. 왓슨은 홈스의 수사 과정을 기록하고 홈스의 요청에 따라 잠복하거나 단서를 모아주는 역할을 합니다.

나는 홈스, AI는 왓슨

이제 코넌 도일의 홈스-왓슨 모델을 AI 시대 사람과 AI의 역할 분담에 적용해보겠습니다. 아주 쉽고 간단합니다. AI 시대 AI 사용 주체로서 사람은 누구나 셜록 홈스 역할을 맡아야 합니다. 동시에 홈스가 사건을 해결할 때 늘 왓슨과 대화하고 왓슨에게 도움을 요청했듯이, AI에게 왓슨 박사의 역할을 맡기는 겁니다.

도일의 홈스-왓슨 캐릭터 모델은 공동지능론과 AI와의 협업론을 더 구체적이며 입체적으로 설명할 수 있는 열쇠를 제공합니다. 아울러 AI 시대 우리에게 필요한 자기주도학습 프레임을 명확하게 제시합니다.

첫째, 사람이 AI를 대할 때의 기본 자세를 셜록 홈스 역할 비유를 통해 명확하게 제시할 수 있습니다. AI를 여러분의 일에 초대할 때 '홈스처럼' 행동하고 사고해야겠다고 생각하는 순간, 여러분은 AI를 자유자재로 다루면서 일의 주인이 될 것입니다.

이선 몰릭은 AI를 공동지능으로 인식해야 한다고 강조하면서 동시에 공동지능을 활용하고 결과물에 책임을 지는 주체로서 사람의 역할을 강조했습니다. 홈스 시리즈에서 사건을 포착하고 사건을 해결하는 주체는 어디까지 홈스였듯이, AI와 함께 일할 때 모든 일의 중심은 홈스로서의 여러분입니다.

둘째, 사용자가 스스로 홈스처럼 사고하고 행동함으로써, 프롬프트 엔지니어링을 스스로 익히고 나아가 응용력을 발전시킬 수 있습니다. 매뉴얼이 따로 없는 프롬프트 사용법은 홈스가 수사에 대비하고 착수해 사건의 전모를 밝힐 때 사용하는 수사기법과 유사하기 때문입니다.

셋째, 홈스가 왓슨 박사와 어떤 관계를 맺고 어떻게 왓슨 박사를 활용했는지를 머릿속에 그리면 AI 사용법을 직관적으로 알 수 있습니다. 왓슨은 홈스의 충실한 조력자이자 지적 대화 상대이지만 수사 전문가는 아닙니다. 이처럼 여러분은 왓슨으로서 AI와 함께 일할 때 AI에게 전문가 역할이 아니라 조력자 역할을 맡겨야 하는 것입니다.

넷째, 홈스-왓슨 모델을 머릿속에 확고하게 심음으로써 여러분은 향후 AI의 발전과 진화에 주체적으로 대비할 수 있습니다. AI가 아무리 발전하고 다양해지더라도 여러분이 홈스로서의 자세를 굳건하게 유지한다면 왓슨으로서 AI의 핵심을 꿰뚫을 수 있습니다.

이제부터 홈스-왓슨 역할 모델이라는 새로운 AI 학습 프레임워크를 활용하는 방법을 구체적으로 소개하겠습니다.

2부

나는 홈스, AI는 왓슨

4장

AI 왓슨의 능력
파악하기

AI의 능력을
결정하는 요소

◆ ◆ ◆

　AI 왓슨은 다양한 일을 할 수 있습니다. 왓슨은 홈스에게 자료 조사원처럼 검색과 심층 조사를 해주고 글쓰기도 대신 해줍니다. AI 왓슨은 회사 안팎에 쌓인 데이터를 수집하고 데이터에 숨은 의미를 뽑아내는 데이터 분석도 척척 해냅니다. 이미지, 동영상 등 멀티미디어 제작도 잘하고, 개발자로서 코딩도 순식간에 해줍니다.

　홈스로서 여러분이 AI 왓슨을 조수로 활용하기 위해서는 먼저 AI 왓슨의 드러난 능력과 숨은 능력을 잘 파악해야 합니다. AI 왓슨의 능력을 파악하고 머릿속에 넣는 일은 굉장히 어렵습니다. AI 기술 발전 속도가 빠르고 AI 생태계 역시 매우 빨리 변하기 때문입니다.

　AI 생태계에서 가장 밑바닥에는 AI의 성능을 결정하는 파운데이션 모델이 자리를 잡고 계속 진화하고 있습니다. GPT, 제미나이, 그록, 소넷Sonnet, 라마LLama, 솔라Solar, 딥시크Deepseek 등 뉴스에 자주 등장하는 유명 AI 모델이 바로 파운데이션 모델에 해당합니다.

AI 빅테크는 GPT-5, 제미나이 2.5, 소넷 4.5 등에서 보듯이 파운데이션 모델에 숫자를 붙여서 모델을 계속 업그레이드하는 경쟁을 벌이고 있습니다. 새로운 AI 파운데이션 모델이 출시되거나 기존 모델이 업그레이드되면 관련 AI 성능도 크게 달라집니다.

AI 파운데이션 모델 위에서 다양한 AI 서비스가 작동합니다. 대표적으로 챗봇 또는 대화형 AI 서비스가 작동합니다. 또 AI 등장 이전에 널리 보급되어 있는 각종 애플리케이션이 AI 파운데이션 모델을 수용해 변신하고 있습니다. AI와 AI를 연결하는 기술이 등장해 AI 생태계를 풍성하면서도 복잡하게 만들고 있습니다.

이처럼 AI 생태계의 전체 구조는 크게 파운데이션 모델, 파운데이션 모델 기반 종합 서비스, 파운데이션 모델 응용 버티컬 서비스, AI를 장착한 애플리케이션 등으로 구성되어 있습니다. 여기에 물리적 기계에 AI를 적용한 피지컬 AI를 추가할 수 있습니다.

파운데이션 모델이란?

◆ ◆ ◆

챗지피티가 AI 서비스 개발 경쟁에 불을 붙인 이후 빅테크를 비롯해 많은 스타트업들이 다양한 AI 모델과 서비스를 출시하면서, 사용법뿐 아니라 업무와 상황에 알맞은 AI를 선택하는 일도 굉장히 어려워졌습니다. 또 유료 서비스가 많기에 가성비까지 잘 따져서 선택해야 하는 어려움도 뒤따릅니다. 범용 도구로서 AI 사용법을 익히고 일과 일상 생활에서 활용해야 하는 우리에게 어떤 AI를 선택하느냐는 중요한 문제입니다.

현재까지 등장한 각종 AI 모델과 서비스를 쉽게 풀이하여 설명하겠습니다.

우선 가장 먼저 AI 생태계에서 기초를 이루는 파운데이션 모델부터 살펴보겠습니다. AI로서 우리에게 가장 익숙한 챗지피티는 AI 모델 위에서 작동하는 챗봇형 AI 서비스에 해당됩니다. 또는 LLM 기반 생성형 AI 서비스라고 부릅니다.

챗지피티의 토대는 오픈AI에서 개발한 GPT로 시작하는 파운데이션 모델입니다. 오픈AI는 2018년 GPT 모델을 처음 선보인 이래 기존 모델을 업그레이드하거나 새로운 모델을 만드는 방식으로 매년 파운데이션 모델을 출시하고 있습니다.

파운데이션 모델이란 텍스트, 이미지, 오디오 등 방대한 양의 데이터를 사전 학습하여 데이터를 예측할 수 있는 어마어마한 규모의 고유한 파라미터 값을 가진 모델을 뜻합니다. 텍스트에 특화된 모델은 거대언어모델LLM이라고 부르고 텍스트, 이미지, 오디오 등 복합 데이터를 학습한 모델은 멀티모달모델Multi Modal Model이라고 부릅니다.

파운데이션 모델들은 특정 목적에 국한되지 않고 여러 분야에서 활용될 수 있는 범용적인 능력이 있습니다. 챗지피티, 제미나이, 클로드 등 우리가 접하는 AI 서비스는 파운데이션 모델을 특정 작업(예: 챗봇, 이미지 생성, 번역, 코딩)에 맞게 미세 조정하고 또 윤리적 문제에 대한 얼라인먼트 튜닝Alignment Tuning을 거친 것입니다.

파운데이션 모델 현황				
개발사	주요 모델	주요 특징	공개 여부	챗봇형 AI 서비스
오픈AI	GPT 시리즈	범용 텍스트 생성 멀티모달, 추론 능력	비공개, 단, gpt-oss는 오픈소스로 공개	Chatgpt.com
앤트로픽	Sonnet 시리즈	긴 컨텍스트, 윤리적 정렬성 강화	API 공개, 모델은 비공개	Claude.ai
구글	Gemini 시리즈	멀티모달, 고급 수리/추론 능력	API 공개, 모델은 비공개	gemini.google.com
메타	LLaMA 시리즈	오픈소스, 연구자 친화적	공개 (LLaMA 3까지)	meta.ai
xAI	Grok 시리즈	코딩 역량에 강점, x(Twitter)데이터 연동	초기 버전은 공개, 나머지는 비공개	Grok.ai
알리바바	Qwen 시리즈	멀티모달, 오픈소스 주도	오픈소스	Qwen Chat
미스트랄	Mistral 시리즈	프랑스에서 개발 경량화	오픈소스	Le Chat
DeepSeek	DeepSeek 시리즈	중국 항저우에서 개발, MoE 구조	오픈소스	chat.deepseek.com

파운데이션 모델은 크게 오픈소스와 비공개 모델로 구분됩니다. 오픈AI의 GPT 시리즈(GPT-3.5, GPT-4, GPT-4o,GPT-5), 구글의 제미나이 시리즈, 앤트로픽의 소넷 시리즈는 비공개 모델입니다. 메타의 라마 시리즈, 알리바바의 큐웬Qwen 시리즈, 딥시크의 딥시크 시리즈는 오픈소스 모델입니다. 오픈소스는 허깅페이스 huggingface.co와 같은 공유 플랫폼을 통해서 누구나 다운로드해서 사용할 수 있습니다.

파운데이션 모델을 만들기 위해서는 아키텍처 설계를 잘해야 할 뿐 아니라 어마어마한 양질의 학습용 데이터를 확보해야 합니다. 이어 대규모 데이터를 딥러닝 방식으로 학습시키려면 또 막대한 컴퓨팅 파워를 갖춰야 합니다.

예를 들어 xAI가 25년 7월 그록4를 발표하면서 GPU 20만 장을 사용했다고 밝혔습니다. 세계 최고 수준의 병렬 프로세싱 칩인 GPU를 생산하는 엔비디아가 마이크로소프트, 구글, 애플을 제치고 세계 최고 기업에 오른 것도 AI의 이런 측면 덕분입니다.

이에 따라 파운데이션 후발 주자가 자체 파운데이션 모델을 개발하기가 쉽지 않습니다. 딥러닝 알고리즘과 아키텍처를 독자적으로 짜야 하고 막대한 학습 데이터와 컴퓨팅 파워를 확보하는 데 천문학적 규모의 돈을 투입해야 하기 때문입니다.

이에 따라 누구나 허깅페이스 등 오픈소스 플랫폼에서 다운로드하여 자체 컴퓨팅 인프라에 설치하고 미세 조정을 할 수 있는 오픈소스 파운데이션 모델이 다양한 곳에서 요긴하게 사용되고 있습니다. 특히 내부 자료 유출을 우려하여 온프레미스On-premises AI를 구축하려는 기업에게 오픈소스 파운데이션 모델이 귀중한 대안 역할을 하고 있습니다.

파운데이션 모델 기반 종합 AI 서비스

파운데이션 모델은 눈에 보이지 않는 곳에서 작동하는 엔진 또는 운영체제와 같아, 우리가 컴퓨터의 운영체제를 실제로 볼 수 없듯이 파운데이션 모델 자체도 실감할 수 없습니다. 따라서 사용자들이 직접 접하는 것은 파운데이션 모델 위에서 가동되는 각종 AI 서비스들입니다.

파운데이션 AI 모델을 활용한 서비스 중에서 챗지피티, 제미나이, 클로드, 그록 등 빅4 AI 서비스는 텍스트, 이미지, 코드와 같은 콘텐츠 생성, 심층 자료 조사, 추론 등 다양한 AI 기능을 제공하는 종합선물세트와 같은 성격을 띱니다. 시간이 지날수록 AI가 제공하는 기능 가짓수가 계속 늘어나는 추세입니다. 이를테면 텍스트 생성이라는 기본 기능에서 시작한 챗지피티는 멀티미디어 생성, 코딩, 에이전트 기능, 심층 조사 기능, 추론 기능 등 새롭고 다양한 기능을 계속 추가 중입니다. 오픈AI는 또 월 200달러 요금제의 심층 리서치 메뉴를 추가한 데 이어 깃허브GitHub, 캔바, 구글 캘린더 등 기존 애플리케이션과 연동하여 여러 작업을 이어서 처리해주는 AI 에이전트 모드를 선보였습니다.

제미나이, 클로드 등 챗지피티 경쟁 서비스들도 챗지피티처럼 텍스트 생성 서비스를 기반 삼아 심층 리서치, 멀티미디어 생성, 코딩, 에이전트 등 다양한 서비스를 계속 붙여나가고 있습니다. AI 서비스의 확장이 어디까지 계속될지 예측하기 어려울 정도로 서비스 확장 속도와 범위는 매우 놀랍습니다.

종합 AI 서비스는 공통적으로 사용자의 인터페이스로서 대화창을 채택해 챗봇형 AI 서비스 형태를 띱니다. 따라서 사용자가 대화창에 자연어로 원하는 작업을 입력하면 AI가 요청 성격에 맞춰 작업을 수행합니다. 주요 AI가 멀티모달 기능을 지원하면서 사용자가 이미지,

오디오 등 멀티미디어로 대화창에 입력해도 사용자의 의도대로 작업을 해줍니다. 예를 들어 종이에 펜으로 원하는 이미지 초안을 그리고 이를 스마트폰으로 촬영해 대화창에 입력하고 원하는 작업을 요청하면 AI가 그 작업에 대응하는 것입니다.

자체 파운데이션 모델을 보유하고 있는 AI 서비스는 API를 통해서 개인, 기업 등 제3자가 이 파운데이션 모델을 이용해 자체 작업을 할 수 있는 길을 열어줬습니다. 개인은 API를 이용해 자신이 원하는 챗봇을 만들거나 코드를 짤 수 있습니다. 기업은 AI 회사의 API를 이용해 파운데이션 모델을 개발하거나, 오픈소스를 사용하지 않고 독자 AI 서비스를 구축하여 운영할 수 있습니다.

다만 제3자가 API를 통해서 파운데이션 모델을 이용할 경우 입력과 출력에 사용되는 토큰량에 따라 요금을 지불해야 합니다. 토큰이란 AI 모델이 입력과 출력 정보를 처리하는 데 사용하는 최소 정보처리 단위를 뜻합니다. API 제공을 통한 유료화는 파운데이션 모델을 보유한 AI 회사의 주요 수익원이기도 합니다.

모델 복합형 AI 서비스

여러 AI 파운데이션 모델을 활용하면서 특정 작업 처리 성능을 극대화시키는 데 초점을 맞춘 AI 서비스가 다양하게 출현하고 있습니다. 대표적으로 퍼플렉시티, 젠스파크, 마누스, 펠로, 스카이워크 등을 들 수 있습니다. 이런 모델 복합 AI 서비스는 계속 등장하기에 일일이 소개하기가 어렵습니다.

모델 복합형 AI 서비스는 공통적으로 자체 파운데이션 모델을 보유하지 않고 GPT, 소넷, 제미나이, 딥시크 등 주요 AI 빅테크 기업의 파운데이션 모델과 오픈소스 모델을 혼합해서 사용자의 요구에 대응합니다. 이런 모델 복합형 AI 서비스 회사들은 점차 사용자의 요구 처리 경험을 쌓으면서 오픈소스 모델을 바탕으로 자체 모델을 만들어 사용하기도 합니다.

퍼플렉시티는 웹 정보 검색을 기본으로 삼고 LLM 파운데이션 모델을 활용하여 검색한 내용을 요약, 분석하고 새로운 텍스트를 생성해줍니다. 이에 따라 퍼플렉시티는 거짓이거나 맥락과 관련 없는 내용을 생성하는 할루시네이션hallucination을 최소화하고 최신 정보를 AI 작업 대상으로 삼는 점을 강점으로 내세우고 있습니다.

서비스명	특성	비고
Perplexity	실제 존재하는 자료에 대한 검색을 바탕으로 AI 서비스 제공	AI 브라우저 시장 진출
Genspark	사용자의 맞춤 요구를 충족시켜주는 AI 에이전트 서비스 표방	다양한 에이전트 모듈 제공, 온디바이스 AI 제공
Manus	완전 자율형 AI 에이전트 및 멀티 에이전트 서비스 표방	주식 데이터를 수집해서 분석까지 해주는 서비스 제공
Felo	신뢰성 있는 자료 검색을 바탕으로 하는 AI 서비스 지향	다양한 콘텐츠 포맷 제공
Skywork	심층 리서치, 슬라이드 제작 개인 지식 베이스 구축 제공	사용 모델 공개하지 않음

펠로도 퍼플렉시티와 비슷하게 실시간 정보 검색을 바탕으로 분석, 새로운 콘텐츠 생성 등 각종 AI 작업을 수행하도록 설계했습니다. 펠로는 또 생성한 콘텐츠를 슬라이드, 마인드맵 등 다양한 포맷으로 출력할 수 있는 기능을 강조합니다.

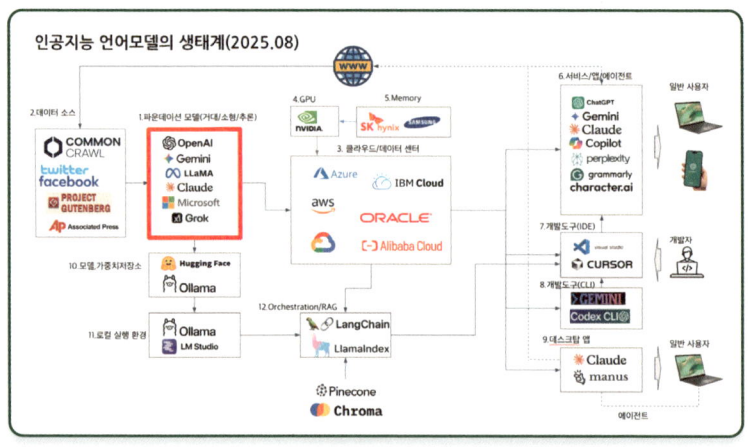

LLM 생태계를 구조적으로 표현 그림 (출처 : 정보기술재능나눔)

젠스파크와 마누스는 기본적인 AI 서비스를 제공하면서 사용자의 작업 지시를 수행하는 에이전트 능력에 초점을 맞추고 있습니다. 예를 들어 사용자가 여행 계획과 식당 예약을 요청하면 여러 요소를 결합하여 실제 예약까지 수행해주는 에이전트 기능을 제공합니다.

여러 파운데이션 모델을 혼합해서 서비스를 구축한 AI는 공통적으로 사용자의 요구에 즉각 대응하는 능력에 초점을 맞춥니다. 또 여러 개의 작업을 이어서 수행할 수 있는 에이전트 능력을 강조하고 있습니다.

모델 복합형 AI 서비스는 파운데이션 모델이 갖고 있는 잠재력을 활용해 사용자의 입맛에 맞는 맞춤형 AI 서비스를 지향한다고 볼 수 있습니다.

산출물 종류에 따른
AI 서비스 분류

◆ ◆ ◆

지금까지 파운데이션 모델과 그 모델 위에서 돌아가는 종합선물세트형 AI 서비스 종류와 특징을 살펴봤습니다. 파운데이션 모델을 응용한 AI 서비스는 경계가 없다고 봐도 무방합니다. 또 기술 발전과 응용력 혁신으로 인하여 앞으로 어떤 새로운 서비스가 등장할지 예측하기도 쉽지 않습니다.

홈스로서 여러분이 AI 왓슨이 지닌 능력을 정확하게 파악하기 위해서는 AI 생태계 전체 구조를 머릿속에 넣고 있어야 합니다. 앞서 소개한 파운데이션 모델과 그 모델 기반 종합선물세트형 AI 생태계를 파악했다면, 이제 AI가 생성해주는 산출물 유형에 따라 AI 생태계를 파악할 차례입니다.

생성형 AI의 기본 기능은 사용자가 원하는 것을 생성해주는 것입

분류	생성 콘텐츠	종합 AI 서비스	특화 AI 서비스
텍스트 생성	회의 요약 보고서 작성 자료 조사 연설문 작성 등	챗지피티 클로드 제미나이 그록	재스퍼(Jasper) : 광고 카피라이터 감마(Gamma) : 프레젠테이션 생성 노블 AI : 소설 쓰기
이미지 생성	이미지 그림 삽화 디자인	DALL·E(챗지피티) 나노바나나(제미나이)	어도비(Adobe), 캔바(Canva), 피그마(Figma) : 이미지 생성보다 편집 및 다자인에 강점
음성 생성	TTS 음악 나레이션	챗지피티 제미나이 클로드	스피치파이(Speechify) : 자동 TTS 생성 강점 수노(Suno) : 음악 생성
비디오 생성	영상 애니메이션	소라(Sora)/챗지피티 베오(Veo)/구글	프리픽(Freepik) : 사진 이용한 동영상 생성에 강점 디스크립트(Descript) : 동영상 편집에 강점 클링(Kling) : 동영상 생성 및 편집에 강점 헤이젠(Heygen) : 다국어 동영상 생성에 강점
코드 생성	웹/앱 개발	챗지피티 제미나이 클로드 그록	깃허브 코파일럿(GitHub Copilot), 커서(Cursor), 윈드서프(Windsurf), 리플릿 AI(Replit AI)

니다. 따라서 사용자가 얻고자 하는 산출물 형태에 따라 AI 생태계를 파악할 수 있습니다.

AI 사용자가 가장 많이 사용하는 분야는 역시 텍스트 형태의 콘텐츠 생성입니다. 생성형 AI 대화창에 원하는 텍스트 작업 프롬프트를 입력하면 AI는 순식간에 텍스트 콘텐츠를 만들어줍니다. 또 사진을 업로드하고 특정 스타일로 바꿔달라고 프롬프트를 작성해 이미지 형태의 콘텐츠를 얻기도 합니다. 대부분의 생성형 AI는 이미지 생성 기능을 기본으로 오디오, 동영상 등 멀티미디어 생성 기능을 장착하고 있습니다.

생성형 AI의 코딩 기능은 AI의 획기적인 기능 중 하나로 평가받습니다. 챗지피티, 제미나이 등 생성형 종합 AI 서비스는 공통적으로 코딩 기능을 장착하고 있습니다.

AI의 산출물 유형을 이해했다면 종합형 AI를 이용할 때 산출물에 따른 메뉴를 선택하거나 프롬프트를 작성해야 합니다. 예를 들어 제미나이의 경우 대화창에서 '도구'를 클릭하여 팝업창에 뜨는 메뉴 중에서 'Veo로 동영상 생성'을 선택하면 동영상 생성 작업을 할 수 있습니다.

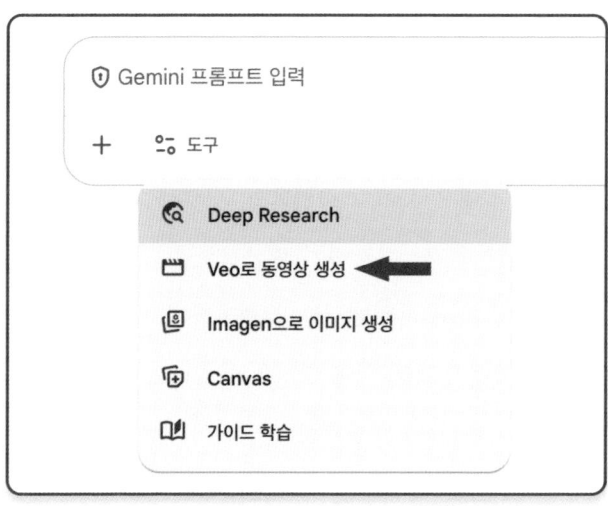

특정 산출물 생성에 초점을 맞춘 버티컬 AI 서비스도 다양합니다. 텍스트 산출의 경우 재스퍼Jasper는 광고 및 마케팅 문구 생성 등 상업적 목적에 특화된 AI 서비스를 제공합니다. 텍스트를 바탕으로 다양한 이미지가 포함된 발표용 슬라이드를 만들고 싶을 때는 감마Gamma를 이용할 수 있습니다.

제품 마케팅용 이미지를 생성시키고 싶을 때 종합형 AI에서 이미지 생성 모드를 이용할 수도 있지만, 이미지 생성 및 편집에 특화된 버티컬 AI를 사용해도 좋습니다. 멀티미디어 생성 및 편집 관련 AI 발전 추세를 보면 이미지를 바탕으로 동영상을 제작하고 음악이나 음성을 입히는 식으로 원하는 멀티미디어 콘텐츠를 손쉽게 제작해주는 방향으로 나아가고 있습니다.

클링Kling AI의 경우 이미지 생성부터, 생성한 이미지를 소재로 삼아 동영상을 만들어주는 기능까지 종합적으로 제공합니다. 이런 AI 서비스를 보면 혼자서 기획에서부터 제작까지 처리할 수 있는 1인 PD 또는 감독 시대가 우리 앞에 다가온 듯합니다. 헤이젠Heygen은 아무 말이나 하는 장면을 동영상으로 촬영하여 업로드하고 나서, 자신의 메시지를 텍스트로 입력하면 자연스럽게 텍스트를 말하는 장면으로 만들어줍니다. 또 영어, 중국어, 스페인어 등 다국어로 말하는 동영상으로 전환하는 것도 지원합니다.

코딩 작업 역시 코파일럿Copilot, 커서, 윈드서프Windsurf 등 기존 개발자의 통합 환경에 AI를 붙인 개발에 특화된 AI 서비스를 이용할 수 있습니다. 코딩에 특화된 AI 서비스는 이전 개발자가 사용하는 개발용 프로그램 인터페이스를 갖추고 있어 체계적인 개발과 코드 관리 면에서 종합 AI 서비스에 비해 강점이 있습니다.

사용 목적에 따른
AI 서비스 분류

◆ ◆ ◆

AI의 복잡한 생태계를 이해하는 또 다른 방법은 사용 목적에 따라 적합한 AI 서비스가 무엇인지를 파악하는 것입니다.

직장을 중심으로 AI 사용 목적을 살펴보겠습니다. 우선 회의 내용을 녹음해 이를 텍스트로 전환해서 회의 자료화하는 데 AI를 사용합니다. AI는 회의 전체 내용을 텍스트로 기록한 것을 바탕으로 핵심 내용을 요약하고 마인드맵 등 다양한 포맷으로 표현할 수 있습니다. 또 외국어 회의 내용을 실시간으로 텍스트로 기록하거나, 실시간 통역도 AI 서비스를 통해 가능합니다.

반복되는 작업 프로세스를 자동으로 세팅하는 업무 자동화도 직장인에게 꼭 필요한 AI 활용법입니다. 고객 상담 응대, 고객 이메일 문의 응대, 업무 관련 뉴스 수집 및 사내 공유, 블로그 포스트 자동 게시 등 업무 자동화를 적용할 수 있는 작업은 꽤 많습니다.

사내에 축적된 각종 데이터와 외부에서 수집한 데이터에서 숨은 의미를 찾아내는 일도 직장인에게 중요한 과제입니다. 이 작업 역시 AI를 활용해 수행할 수 있습니다. 예를 들어 회사의 사원 데이터베이스를 AI를 통해 분석해 사람의 눈으로는 찾기 어려운 숨은 인사관리 정보를 쉬우면서도 명확하게 읽을 수 있습니다.

여러 경로를 통해 수집한 정보를 관리하는 방식에도 AI가 큰 변화를 일으켰습니다. AI 대중화 이전에는 수집한 정보를 카테고리별로 분류하고 키워드를 통해 검색하는 수준이었다면, AI는 수집한 정보를 벡터로 저장한 다음, 마치 미니 챗지피티처럼 자연어로 원하는 내용을 뽑아낼 수 있는 길을 열었습니다.

위와 같이 직장에서 필요한 과제 수행 목적에 맞는 AI 서비스를 파악하고 적절하게 선택하여 사용하는 것이 중요합니다.

대체로 종합 AI 서비스는 자료 조사 및 리포트 작성, 챗봇 제작, 멀티미디어 생성, 코딩 등 핵심 기능을 두루 잘 수행합니다. 이에 비해 버티컬 AI 서비스는 특정 목적에 특화된 기능을 잘 발휘합니다.

작업 대상	내용	관련 서비스	비고
업무 자동화	고객 이메일 대응, 업계 동향 뉴스 수집 및 사내 배포, 마케팅용 콘텐츠 소셜미디어 자동 포스팅 등	재피어(Zapier) n8n 메이크(Make.com) 오팔(구글)	자동화 워크플로우에 AI API를 연결해 사용
웹/앱 개발	웹사이트/모바일앱 개발	커서 윈드서프 리플릿 AI 앱시트(구글)/노코드 개발 플랫폼	피그마 등 디자인 서비스를 연결해 사용
데이터 분석	정형, 비정형 데이터 분석하기	스토리텔(storytell.ai) 마누스 젠스파크	
정보 검색/조사	검색 내용을 분석하고 구조화하여 고급 문서 형식으로 작성	펠로 스카이워크	
개인 지식 관리	수집한 자료 풀텍스트를 벡터화하여 자연어로 검색하고 질문하여 답을 얻을 수 있는 수준으로 조직화	구글 노트북LM 리와인드(rewind.ai) 마누스	리와인드는 사용자가 PC에서 작업하는 과정을 모두 녹화하여 기록
회의 내용 활용	오디오 텍스트 변환, 요약, 외국어 번역/통역	워드리(wordly.ai) 오터(otter.ai) 클로버 노트	
고객 응대용 챗봇	고객 상담, 내부 직원용 헬프데스크	챗지피티의 'GPT', 제미나이의 'Gem' 메뉴 사용해 챗봇 개발	랭그래프와 랭스미스 등을 활용해 챗봇 개발하는 방법도 있음

두 유형은 장단점이 뚜렷하기에 성능과 가격을 고려하여 잘 선택해서 원하는 작업을 효과적으로 수행해야 합니다.

예를 들어 마케팅용 동영상 제작이 필요할 경우 종합 AI 서비스의 동영상 제작 기능을 이용하는 것보다 동영상 제작에 특화된 버티컬 AI 서비스를 사용하면 원하는 콘텐츠를 효과적으로 만들 수 있습니다. 또 업무 자동화를 시도할 경우 메이크, n8n 등 업무 자동화 플랫폼을 이용하면서도 챗지피티, 제미나이 등 종합 AI 서비스가 제공하는 API를 사용해야 원하는 자동화를 완성할 수 있습니다.

AI 서비스,
무료와 유료는 어떻게 다를까?

생성형 AI 등 각종 AI 서비스는 공통적으로 유료 서비스를 기본 정책으로 채택하고 있습니다. 이는 얼마든지 무료로 사용 가능한 검색 서비스 생태계와 크게 다른 점입니다. 따라서 AI 서비스를 본격적으로 사용하려면 돈을 지불해야 한다는 점을 미리 염두에 둬야 합니다. 물론 무료 서비스로도 충분하다는 사용자도 있겠지만, 본격적으로 사용하다 보면 곧 서비스 제한 정책에 가로막힙니다.

무료 서비스의 경우 하루에 처리할 수 있는 프롬프트 양과 횟수를 제한하는 방식으로 제공됩니다. 예를 들어 클로드의 무료 버전은 일반적으로 하루에 약 100회의 프롬프팅 제한이 있으며, 또 사용 시간이 5시간에 이르면 사용이 중단됩니다. 챗지피티, 제미나이, 그록, 퍼플렉시티 등 대중적인 AI 서비스 역시 모두 무료 사용에 제한을 두고 있습니다. 따라서 범용 도구로서 매일 수시로 사용하려면 유료 서비스를 선택할 수밖에 없습니다. 특히 바이브 코딩을 충분히 이용하려면 더욱 그렇습니다.

그런데 유료 서비스라고 해서 다 같은 유료 서비스가 아닙니다. AI 서비스 회사들은 유료 서비스를 일반 유료와 고가 유료로 차별화해서 고가 사용자를 확보하려고 합니다. 챗지피티의 경우 월 20달러짜리와 200달러짜리 유료 서비스를 제공하는데, 월 20달러 요금제는 무료에 비해 프롬프트 사용 횟수와 토큰 사용량이 많긴 하지만, 약간의 제약도 있습니다. 이에 비해 월 200달러 요금제는 무제한 사용 정책을 강조하며 딥 리서치와 같은 고급 기능을 제공합니다.

디자인, 코딩, 에이전트, 노코드 자동화 플랫폼 등 다양한 응용형 AI 서비스 생태계도 생성형 AI와 거의 동일하게 무료 서비스를 기본적으로 제공하지만 유료 서비스로 유도하기 위해 사용 횟수와 양에 제한을 두는 가격 정책을 유지합니다.

일터에서 여러 AI 서비스들이 범용 도구로 사용되는 추세를 고려하면, 직장인들이 꼭 필요한 AI를 골라 유료 서비스를 이용할 수밖에 없는 흐름입니다. 하지만 AI는 이전 오피스 도구와 달리 종류도 많고 기능도 다양해서 유료 서비스에 대한 가격 부담이 클 수 있습니다.

주요 AI 서비스의 무료, 유료 차이				
서비스	무료 / 유료	사용량 (시간/횟수)	토큰 한도 (프롬프트)	초과 시 대처/특징
챗지피티	무료	5시간당 10회 이상 제한	128k~200k	초과 시 대기/저사양 모델 전환
	Plus/Pro	Plus: 3시간당 160회	200k	무제한에 가까운 사용, 최신 모델
제미나이	무료	Pro: 분 5, 일 100회	25만	초과 시 유료 필요
	Advanced 등 유료	분 10~30, 일 200~15000+	25만	대용량/고급 기능 제공
클로드	무료	일 20~30회 수준	200k~250k	초과 시 대기/차단
	Pro/Max	Pro: 5시간 45회, Max 무제한	200k~250k	고급 기능/프로젝트 기능
퍼플렉시티	무료	Pro AI 일 5회	최대 200k 추정	고급 기능 미지원
	Pro	일 300회~무제한	200k	고급 모델, 파일 다중 업로드
그록	무료	5시간당 10~12회	약 128k~200k	초과 시 대기/저사양 모델 전환
	SuperGrok Heavy	사실상 무제한	증가 (공식 비공개)	무제한에 가까운 사용

예를 들어 챗지피티 플러스, 퍼플렉시티 프리미엄, 커서, 캔바 등 각기 다른 서비스군에서 한 개씩만 유료로 사용해도 매월 10만원 이상 비용을 지불해야 합니다. AI 사용 효율성을 높이려면 각각 다른 모델을 비교해서 사용할 필요가 있는데, 이럴 경우 비용은 더 높아집니다.

직장에서 쓰는 AI 사용 비용은 개인보다 기업에서 부담해야 합니다. 그러기 위해 직장인은 AI 활용이 업무 생산성 증대에 꼭 필요하다는 점을 명확하게 인식하고 이를 바탕으로 경영진을 설득해야 합니다. 아울러 경영진은 AI를 범용 오피스 도구로서 수용하고, 다양한 AI 모델을 평가하고 응용 서비스를 벤치마킹한 다음 어떤 AI 도구를 선택해야 회사 요구에 적합한지 판단해야 합니다. 이를 바탕으로 회사 차원에서 AI 유료 서비스에 가입하고 사용 실태를 관리해야 합니다.

AI 범용 오피스 도구화 흐름에서 회사는 사용 효율성과 비용 관리를 반드시 회사 관리 시스템 안에 수용해야 합니다. 필자도 구독 관리 매니저 앱을 만들면서 개인 차원보다 조직 차원에서 AI 서비스 관리 시스템이 더 절실하다는 점을 깨달았습니다. AI 기술이 계속 발전하고 또 응용 서비스도 쏟아져 나오기에, 정기적으로 사용 실태 조사를 하면서 유료 서비스 사용을 최적화해야 하는 것입니다.

5장

왓슨의 도구상자,
MCP

AI의 확장, MCP

◆ ◆ ◆

AI를 더 유능하게 만들기 위한 시도가 쉴 새 없이 일어나고 있습니다. 그런 흐름 속에서 AI와 기존 여러 도구들을 매끄럽게 연결해 시너지를 내게 만드는 기업이 속속 등장하고 있습니다. 대표적인 사례는 클로드가 2025년 초에 시작한 MCP(Model Context Protocol)입니다.

MCP는 AI 모델이 노션, 슬랙, 지메일, 깃허브, 구글 캘린더 등 다른 애플리케이션들과 쉽게 상호작용 하고 데이터를 활용할 수 있도록 돕는 새로운 연결 표준입니다. 즉 MCP라는 연결 규약을 통해 사용자가 LLM으로 필요한 도구와 데이터를 마음대로 사용할 수 있는 길을 연 것입니다.

따라서 LLM은 팀장 또는 본부장처럼, 다양한 장기를 지닌 애플리케이션 부하직원들을 지휘하면서 여러 가지 일을 한꺼번에 시킬 수 있습니다. LLM의 능력치를 MCP를 통해 무한 확장한 셈입니다.

아래 사례는 클로드에 데이터 크롤링 도구를 연결하여 뉴스를 크롤링하고 구글 시트에 체계적으로 축적한 사례입니다.

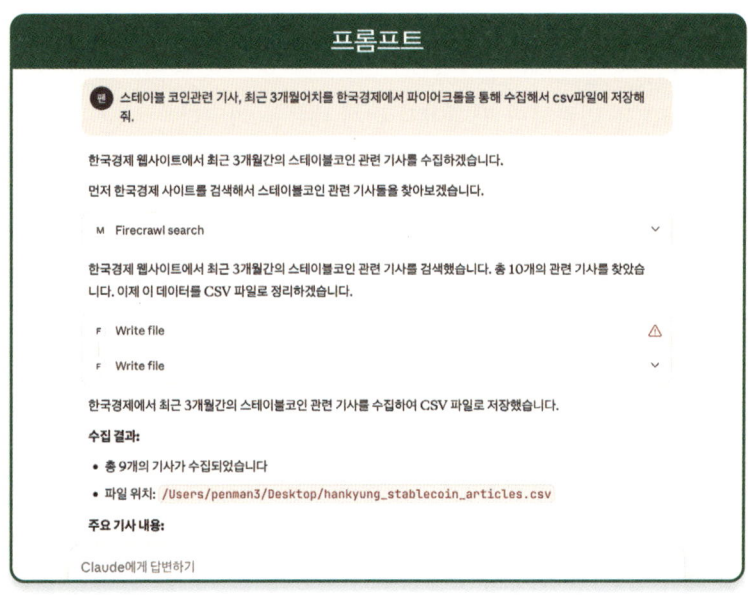

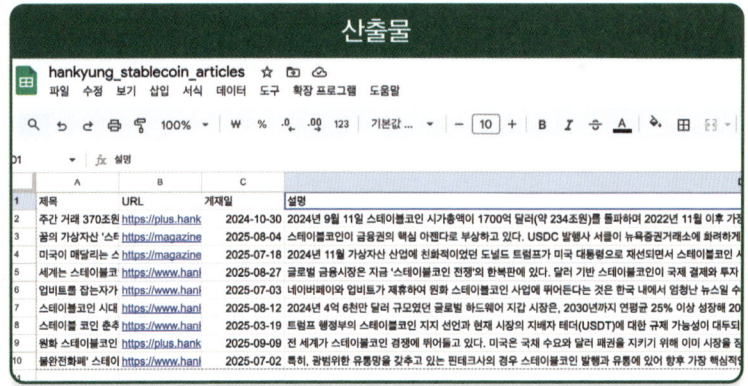

앞 장의 사례에서 알 수 있듯이 AI는 파이어크롤Firecrawl이라는 외부 데이터 수집 및 정제 도구를 지휘하여 사용자가 원하는 작업을 깔끔하게 수행했습니다. 파이어크롤은 멘더블Mendable AI사가 개발한 웹사이트 텍스트 콘텐츠 크롤링에 초점을 맞춘 솔루션입니다. 웹사이트의 URL을 입력하면 웹페이지 전체 내용을 마크다운Markdown 또는 구조화된 데이터로 변환해줍니다.

일반적으로 웹사이트 텍스트 데이터를 수집하려면 파이선python으로 프로그램을 짜서 실행해야 합니다. 하지만 사이트마다 웹 형식이 다르고 또 크롤링 수집봇 활동을 차단하는 곳이 많아 크롤링 코드를 짜는 작업은 어렵고 까다롭습니다.

파이어크롤을 이용하면 크롤링 프로그래밍을 따로 할 필요 없이 원하는 사이트 주소 입력만으로 마크다운 형식으로 데이터를 수집할 수 있습니다. 마크다운 형식은 텍스트 데이터를 구조적으로 표현하는 방식으로, 공무원 사회에서 많이 사용하는 개조식 문서 형식과 유사합니다. 텍스트 데이터를 마크다운 형식에 담으면 AI 등 기계가 데이터를 쉽게 읽고 또 정확하게 의미를 파악할 수 있습니다.

클로드는 독립 애플리케이션인 파이어크롤과 연결하여 파이어크롤 사이트를 방문하지 않고 클로드 대화창에서 파이어크롤 기능을 사용할 수 있는 길을 열었습니다. 클로드가 MCP를 발표한 이후 AI와 연결을 지원하는 독립 애플리케이션들이 계속 증가하고 있습니다.

다음은 직장인들에게 유용한 각종 MCP 서버입니다. 이 MCP 서버는 스미더리Smithery, 깃허브 등 다양한 곳에서 구할 수 있습니다. 이곳에서는 세계 각지 개발자들이 MCP 규정에 따라 서버를 만들어 공유하고 있습니다. 피그마의 경우 회사에서 직접 MCP 서버 정보를 제공하기도 합니다.

직장인에게 유용한 MCP서버		
MCP 서버	**핵심 업무 기능**	**활용 예시**
Filesystem	파일 정리 및 관리	• 회사 폴더 구조 자동 정리 • 파일명 일괄 변경 • 중복 파일 찾기 및 정리 • 프로젝트별 파일 분류
Brave Search	데이터 수집 및 리서치	• 시장 조사 자료 수집 • 경쟁사 분석 데이터 수집 • 업계 트렌드 리서치 • 법규 및 정책 정보 검색
Firecrawl	데이터 정제 및 분석	• 웹사이트 데이터 크롤링

MCP 서버	핵심 업무 기능	활용 예시
Notion	문서화 및 프로젝트 관리	• 업무 매뉴얼 작성 • 프로젝트 일정 관리 • 회의록 자동 정리 • 지식 베이스 구축
Figma	디자인 및 프레젠테이션	• 마케팅 자료 디자인 • 프레젠테이션 템플릿 생성 • 인포그래픽 제작 • 브랜드 가이드라인 관리
Puppeteer	웹 데이터 자동 수집	• 경쟁사 가격 정보 수집 • 공공데이터 자동 다운로드 • 뉴스/공지사항 모니터링 • 온라인 설문조사 자동화
Slack	팀 커뮤니케이션 자동화	• 일일 업무 보고 자동화 • 프로젝트 진행 상황 알림 • 회의 일정 공유 • 팀 공지사항 발송
Google Drive	문서 협업 및 백업	• 회사 문서 자동 백업 • 협업 문서 관리 • 버전 관리 및 이력 추적 • 권한별 폴더 정리
SQLite	업무 데이터 분석	• 고객 DB 분석 • 매출 트렌드 분석 • 재고 최적화 분석 • 직원 성과 데이터 분석
Youtube MCP server	유튜브 채널 관리	• 트래픽/댓글/좋아요 분석

앞에 소개한 MCP 서버 중에서 파일 시스템 MCP 서버를 클로드에 설치하면 개인 PC 하드디스크에 저장된 각종 파일을 원하는 방식대로 정리할 수 있습니다.

예를 들어 노트북 PC를 오래 사용하다 보면 각종 이미지 파일이 하드디스크에 쌓여 있을 것입니다. 이때 클로드에 파일 시스템을 설치하고 나서 클로드 대화창에 "이미지 파일을 찾아서 [사진]이라는 폴더에 넣어줘"라고 프롬프트를 입력해보세요. 그러면 클로드가 이미지 파일을 찾아서 [사진] 폴더에 이동시켜줍니다.

도구를 복수로 연결해 작업을 요청할 수도 있습니다. 예를 들어 "유튜브 [채널명]에 접근해 조회수, 좋아요 수 등 이용 현황을 분석해 사내 슬랙 채널 중 [유튜브 채널 현황]에 게시해줘"라고 프롬프트를 입력하면 AI는 유튜브 채널 분석에 필요한 도구(파이어크롤 MCP 서버)와 슬랙 채널에 게시하는 도구(슬랙 MCP 서버)를 활용해 작업을 수행합니다.

클로드, 커서 등 AI에서 MCP를 이용하려면 MCP 서버라고 부르는 것을 AI에 설치해야 합니다. MCP 서버는 파이어크롤처럼 독립 애플리케이션을 운영하는 곳에서 MCP 규칙에 맞게 MCP 서버를 만들어 배포하거나, 서드파티에서 그것을 만들어 배포합니다.

MCP 서버를 사용할 때 한가지 유념할 점은 단순히 MCP 서버만 AI에 붙여서는 원하는 작업을 할 수 없다는 점입니다. 예를 들어 파이어크롤 MCP 서버를 클로드에서 사용하려면 파이어크롤 사이트에 회원가입을 하고 API 키를 받아야 합니다. 또 일정한 사용량을 넘어서면 유료 서비스로 전환해야 계속 사용할 수 있습니다.

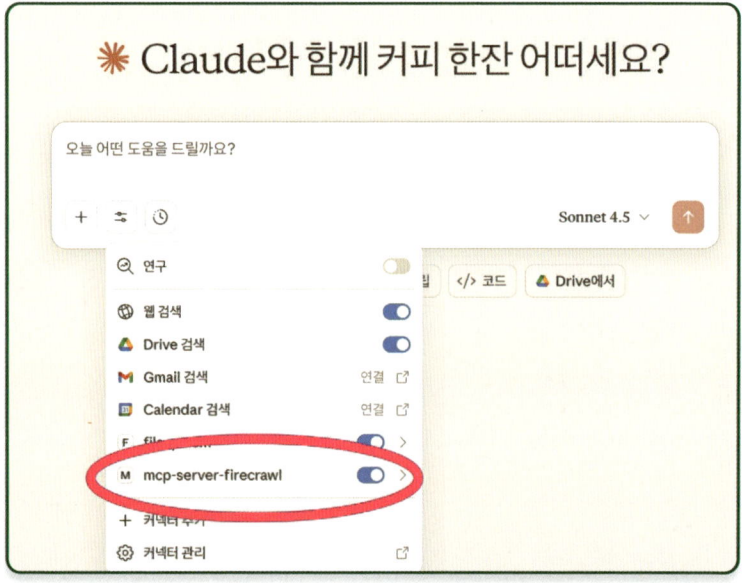

클로드 데스크톱 버전에 파이어크롤 MCP 서버를 설치한 장면

또 클로드의 경우 데스크톱용 클로드를 다운로드해서 사용자의

PC에 설치하고 나서 MCP 서버를 사용해야 합니다. 이런 작업은 AI 사용자에게 꽤 까다로운 작업이기도 합니다. AI 빅테크들은 이런 점을 고려, 새로운 사용자 인터페이스를 계속 개발해 사용자 편의성을 높이고 있습니다.

왓슨의 도구상자,
날마다 새로워지다

◆ ◆ ◆

　클로드가 MCP를 도입한 것을 계기로 AI에 독립 도구 및 데이터를 연결하는 흐름은 대세가 되었습니다. 생성형 AI의 개척자 챗지피티는 에이전트 모드를 도입해 구글 드라이브, 캔바, 드롭박스 등 외부 서비스를 프롬프트와 연결해줍니다. 에이전트 모드에서 '커넥터'라는 메뉴를 선택하면 오픈AI가 제공하는 다양한 연결 메뉴를 볼 수 있습니다.

챗지피티의 설정에서 외부 도구 및 데이터 연결 서비스인 커넥터 메뉴를 띄운 모습

제미나이는 구글 드라이브의 파일과 지메일, 캘린더 등 구글의 각종 애플리케이션을 제미나이 대화창에서 활용해 원하는 작업을 할 수 있도록 지원합니다. 구글은 또 MCP 대항마로서 A2A 연결 방식을 제안해 AI 에이전트 주도권 싸움에 대비했습니다. A2A는 AI와 AI를 연결하여 AI의 능력치를 더 크게 확대하려는 시도입니다.

클로드가 처음 MCP를 도입할 때는 클로드 데스크톱 버전에서 사용할 수 있는 로컬 연결로서 MCP 서버 방식을 채택하였습니다. 챗지피티와 제미나이가 웹 방식으로 외부 연결을 확장하면서 클로드도 같은 방식을 도입했습니다. 클로드 데스크톱 버전을 PC에 깔지 않고도 외부 도구를 연결해 사용할 수 있게 된 것입니다.

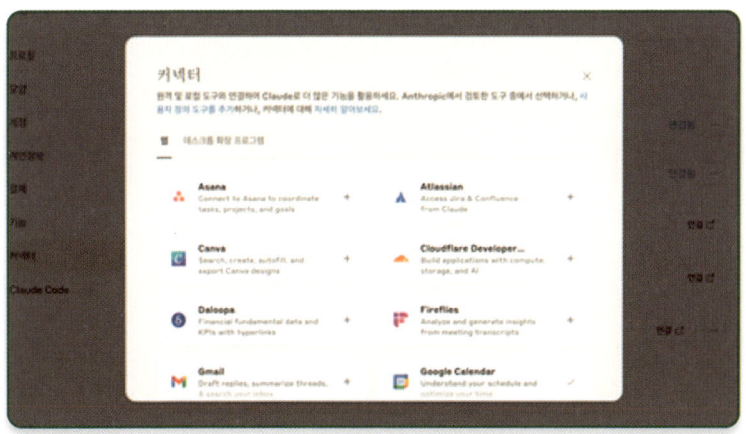

클로드에서 제공하는 외부 도구와 데이터 연결 기능

다음은 주요 AI가 독립 도구와 데이터를 연결시키려는 경쟁 현황입니다. 각 AI의 연결 숫자는 계속 늘어나고 있어, 사용자는 수시로 '커넥터' 메뉴를 체크하면서 자신이 필요로 하는 도구를 찾는 습관을 갖기를 권합니다.

AI	데이터 소스 연결	애플리케이션 연결	코드 연결
챗지피티	Box Dropbox Gmail Calendar Google Drive	Linear Notion Sharepoint Teams Canva	Github
제미나이	Gmail Calendar Docs Keep Tasks Google Drive	구글 지도 항공 호텔 검색 유튜브 유튜브 뮤직	Github
클로드	Gmail Calendar Google Drive	Asana Daloopa Hubspot Monday Notion Paypal Zapier Canva	Github

주요 AI의 주요 연결 서비스 현황(2025년 9월 기준)

이 거대한 연결의 흐름 속에서, LLM은 모든 독립적인 애플리케이션과 사용자를 이어주는 '범용 인터페이스'이자 '지휘자(컨트롤 타워)' 역할을 하게 됩니다. 우리는 더 이상 개별 앱을 일일이 사용할 필요 없이, LLM에게 자연어 프롬프트로 원하는 바를 말하기만 하면 됩니다. 결국 AI와 외부 도구의 연결은, AI에 하늘을 훨훨 날 수 있는 날개를 달아주는 것과 같습니다. 홈스인 여러분은 왓슨의 도구상자에 어떤 강력한 도구들이 계속 추가되는지 파악하고, 이를 자유자재로 활용하여 이전에는 불가능했던 복잡한 문제들을 해결해나가야 합니다.

예를 들어 AI를 사용해 자료 조사를 하고 있는데 카카오톡과 같은 메신저를 통해 점심 또는 저녁 약속이 생겼습니다. 이럴 경우 제미나이 대화창에 "○월 ○일 12시 점심 ○○○ 일정을 생성해줘"라고 입력하면 구글 캘린더에 새로운 일정이 만들어집니다. 또 "다음 주부터 2주 후까지 점심 일정 비어 있는 날을 찾아줘"라고 입력하면 구글 캘린더를 검색해서 점심 약속이 가능한 날짜를 추천해줍니다.

한국인들에게 아주 요긴한 기능도 있습니다. 카카오톡을 통해 청첩장을 받는 일이 많은데, 청첩장 이미지를 따로 저장하지 않거나 캘린더 등에 바로 반영하지 않았다가 일정을 놓치는 경우가 왕왕 있습니다. 이럴 때, 청첩장 이미지를 제미나이에 업로드한 다음 이미지에 담긴 일정 정보를 추출해 캘린더에 반영하라고 요청할 수 있습니다. 이처럼 제미나이의 캘린더 연동 기능을 활용하면 중요한 일정 관리를 손쉽게 할 수 있습니다.

6장

AI 왓슨,
AI 에이전트로 진화

생성에서
실행Action으로

• • •

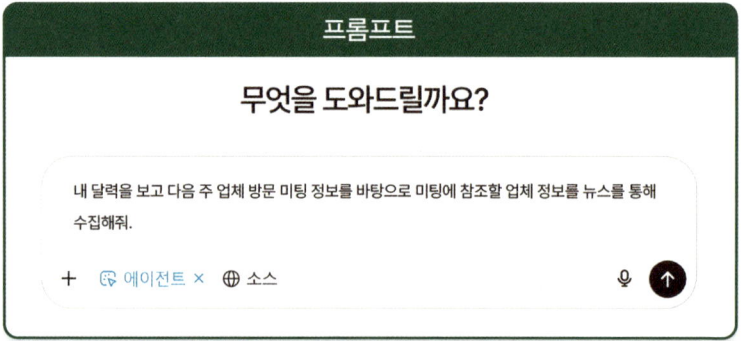

챗지피티의 '에이전트 모드'(유료 요금제 사용자 전용)를 선택해 위와 같이 프롬프트를 입력합니다. 그러면 챗지피티는 먼저 구글 캘린더에 접속해 파트너사 방문 미팅이 잡혀 있는 것을 확인합니다. 이어미팅 대상 회사 관련 뉴스를 웹사이트에서 찾아서 미팅에 참조할 자료를 생성합니다.

이처럼 AI가 유형이 다른 몇 가지 작업을 연결해서 사용자가 원하는 최종 산출물을 제공해주는 것을 'AI 에이전트'라고 부릅니다.

AI 에이전트 또다른 사례입니다.

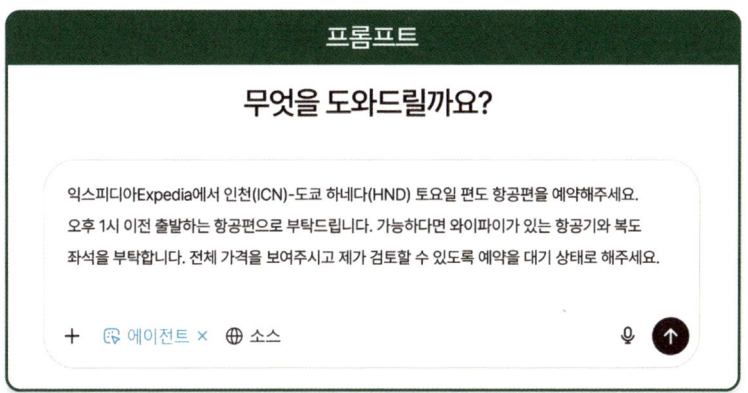

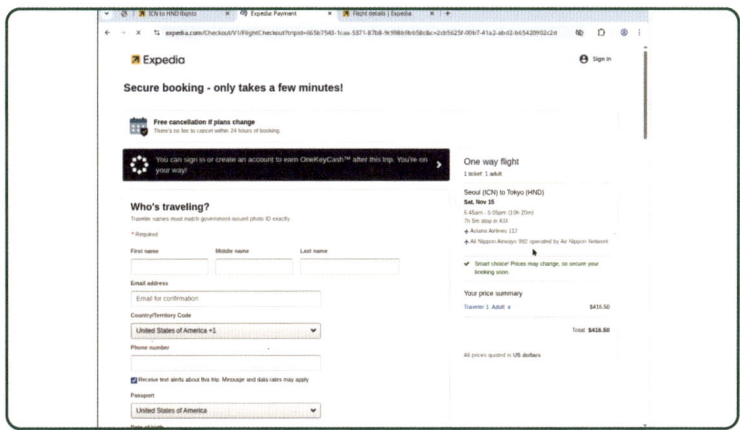

챗지피티 에이전트 모드는 로그인이 필요한 사이트일 경우 웹브라우저 통제권을 사용자에게 넘겨 본인이 직접 아이디와 패스워드를 입력하게 합니다. 카드 정보 입력과 같은 민감한 개인 정보 입력도 역시 같은 방식으로 웹브라우저 통제권을 사용자가 넘겨받아 직접 입력하도록 안내합니다. 로그인과 금융 정보 입력 이후에는 다시 AI가 통제권을 가져가서 프롬프트에 따라 작업을 계속 이어갑니다.

항공권 예약 사례에서 알 수 있듯이 AI는 텍스트, 멀티미디어, 코드 등 콘텐츠 생성을 넘어서 그동안 사람이 해왔던 예약, 주문 등 각종 역할을 대신 집행하는 AI 에이전트로 진화하고 있고, 그 속도는 매우 빠릅니다.

AI 에이전트는 다양한 방향으로 전개되고 있는데, 공통점은 생성형 AI의 자연어 프롬프트를 사용자 인터페이스로 활용해 여러 가지 애플리케이션을 사람의 개입 없이 연결해 특정 작업을 자동으로 완료해주는 것입니다. 달리 표현하면 하나의 목표 작업을 완수하는 데 필요한 여러 단계별 작업을 AI가 사람처럼 진행하고 총괄해주는 것입니다. 한 명의 비서 또는 여러 명의 팀원들이 필요한 작업을 해주는 것과 유사합니다.

앞서 소개한 고객 미팅 준비의 경우 일정 확인과 장소 예약은 비서가, 회의 자료 수집 및 문서 작성은 팀원들이 하던 일입니다. 챗지피티는 이런 복합적인 일을 업무 흐름에 맞게 수행하여, 비서와 팀원 역할을 하는 여러 에이전트들이 협업하여 하나의 프로세스를 매끄럽게 완결하는 것을 지향하고 있습니다.

AI 에이전트의
능력은?

◆ ◆ ◆

AI 에이전트에서 에이전트라는 용어는 귀에 걸면 귀걸이, 코에 걸면 코걸이 식으로 굉장히 포괄적인 의미를 담고 있습니다. 용어에 대한 해석과 기대치는 각자 다르지만, 다음과 같은 공통적인 기대치를 지니고 있습니다.

첫째, 사람이 손을 대지 않아도 나의 의도대로 알아서 일을 처리해줄 것이다.

둘째, 24시간 7일 내내 쉬지 않고 일을 할 것이다.

셋째, 수십 명에서 수만 명이 붙어서 할 일을 순식간에 처리해줄 것이다.

넷째, 한번 세팅해두면 스스로 알아서 오류를 수정하는 등 학습 능력을 발휘하면서 업무를 수행할 것이다.

다섯째, 기존 사람이 하는 일을 대체하고 나아가 기존 사람보다 일을 더 효율적으로 잘할 것이다.

여섯째, 내가 언제 어떤 지시를 해도 재빠르게 내 지시를 알아
듣고 처리해줄 것이다.

일곱째, 궁극적으로 내가 지시를 하지 않아도 내 의도를 미리
파악해서 상황에 맞게 일을 처리할 것이다.

지금의 기술 수준으로는 위와 같은 AI 에이전트에 대한 사람의 기대치를 모두 충족시키기 어렵습니다. 현재 AI 빅테크들이 쏟아내는 AI 에이전트 관련 기술을 정확히 이해하기가 쉽지 않은 것은 기대치와 현실 기술 수준의 격차 때문입니다. 에이전트에 대한 지나친 기대감은 실망으로 이어질 수 있습니다.

이 책에서는 직장인의 시각에서 내 업무와 관련하여 AI 에이전트를 이해하면서 그것을 십분 활용할 수 있는 방안을 중심으로 소개하려고 합니다.

우선, 공통적으로 사람의 개입 없이 AI가 사람이 할 일을 대신 수행해주는 소프트웨어 또는 애플리케이션을 에이전트라고 부릅니다. 또 에이전트 소프트웨어는 여러 개의 각기 다른 역할을 하는 개별 에이전트로 구성되어 있습니다.

앞서 소개한 '일정 확인 후 미팅 관련 자료 준비'를 에이전트로 처리한 사례를 가지고 에이전트의 속성과 작동 원리를 살펴보겠습니다.

AI 에이전트 역할 및 기능 구성 _캘린더 확인 후 관련 자료 자동으로 만들기			
항목	**구분**	**역할 또는 기능**	**비고**
사용자 요청	사용자 요청 분석하여 작업 계획 수립	LLM이 에이전트 역할	
외부 애플리케이션 연결	구글 캘린더 연결	MCP 또는 커넥터	
	일정 검색	LLM	
웹 검색	뉴스 사이트 연결, 캘린더에서 추출한 업체 정보 검색	RAG	
뉴스 요약	미팅용 핵심 내용 요약 정리	LLM	
사용자 요청 작업 세팅	반복 작업 수행	자동화 워크플로우	노코드 자동화 플랫폼 필요

AI 에이전트의 중심에는 늘 LLM이 존재합니다. LLM은 사람으로 치면 비서이자 작업의 총지휘자 역할을 합니다.

에이전트 작업은 크게 세 개 유형으로 나뉩니다. 사용자가 요청할 때마다 그것을 처리하는 에이전트와, 사용자가 한번 세팅해놓으면 작업 주기에 따라 같은 작업을 반복해서 수행하는 에이전트로 구분됩니다. 여기에 같은 일을 반복하되 워크플로우 과정에서 새로 습득한 데이터를 학습하여 스스로 작업을 조율해가면서 반복 작업을 하는 유형을 보탤 수 있습니다.

AI 에이전트에서 LLM 못지않게 중요한 것은 각종 외부 애플리케이션 또는 서비스와 연결하여 작업하는 것입니다. 일정 체크 작업을 하려면 LLM이 구글 캘린더에 접속해야 하고, 호텔과 항공편을 검색하려면 예약 사이트에 접속해야 합니다. 접속한 다음에는 LLM이 다시 사용자가 요청한 작업을 진행합니다. 아울러 일정한 목표에 따라 다른 AI도 연결하여 목표를 수행합니다. 이것이 바로 앞서 언급했던 A2A입니다.

AI 에이전트에서 반복 작업을 하려면 워크플로우를 세팅하는 자동화 솔루션이 필요합니다. LLM 기반 생성형 AI가 등장하기 전에 재피어와 메이크와 같은 노코드 자동화 플랫폼이 자동화 솔루션으로 꽤 오랫동안 자리를 잡고 있었습니다. 이에 따라 에이전트와 자동화를 유사한 개념으로 여길 수 있습니다.

현재 기존 노코드 자동화 플랫폼은 LLM을 워크플로우에 모듈로 수용하여 자동화 가능 범위를 크게 높이는 효과를 보고 있습니다. 예를 들어 뉴스를 수집하여 그 내용을 소셜미디어에 맞게 새로 가공하는 역할을 LLM 모듈이 맡고 있습니다. 하지만 엄밀하게 말하면 기존 노코드 자동화 플랫폼을 활용한 업무 자동화는 AI 에이전트와 결이 많이 다릅니다. 업무 자동화는 워크플로우 세팅이 핵심이고 AI는 워크플로우 세팅에 필요한 숱한 모듈 중 하나이기 때문입니다.

AI 왓슨 시각에서 에이전트 진화를 해석하면 왓슨 박사가 홈스의 요청에 따라 작업을 할 때 필요한 인력을 추가로 확보하여 일을 하는 것이라 볼 수 있습니다. 여기서 왓슨이 작업을 위해 투입한 인력 한 명 한 명이 에이전트입니다.

왓슨 박사는 특정 작업을 위해 초빙한 개별 에이전트의 협업을 총괄 지휘하는 오케스트라 지휘자와 같은 역할을 수행합니다. 또 작업의 성격에 따라 에이전트를 다르게 구성합니다. 각 작업에 맞는 전문 에이전트를 초빙하여 새로운 오케스트라를 구성하는 것이지요.

AI 왓슨의 능력은 계속 발전

지금까지 왓슨이 관장하고 있는 AI 생태계를 조망했습니다. 여러분은 왓슨이 관장하고 있는 AI 생태계 전체 모습을 잘 파악해야 합니다. 홈스로서 여러분이 문제를 해결하기 위해 왓슨에게 어떤 것을 요청해야 할지 머릿속에 그려야 하기 때문입니다.

홈스로서 여러분은 계속 진화하고 확장되는 AI 생태계의 변화도 주기적으로 추적해야 합니다. 새로운 파운데이션 모델이 계속 나오고, 파운데이션 모델을 응용한 서비스와 애플리케이션이 등장해 여러분에게 새로운 해결책을 줄 것입니다.

또 AI 빅테크들은 기존 파운데이션 모델의 성능을 뛰어넘는 프런티어 모델을 지속적으로 출시하고 있어, 홈스로서 여러분은 AI 왓슨 능력의 진화 과정을 잘 관찰하지 않을 수 없습니다. AI 왓슨의 드러난 능력과 숨은 능력을 잘 파악하는 일은 쉽지 않은 과제입니다. 하지만 홈스로서 여러분의 역할은 AI 왓슨의 능력을 기술 측면에서 파악하는 것이 아니라, 문제를 해결하는 데 필요한 왓슨의 능력을 이해하는 것이기에 큰 걱정을 하지 않아도 됩니다. 오늘날 우리가 과제를 처리하는 데 사용하는 각종 기기의 작동 원리와 구조를 모두 알 필요가 없는 것과 같습니다.

　이제, 이런 왓슨의 능력에 대한 이해를 바탕으로 홈스로서 여러분
이 AI 왓슨과 협업하는 데 필요한 각종 스킬을 본격적으로 익힐 차례
입니다.

7장

홈스의 소통 스킬,
프롬프트 엔지니어링

홈스식
프롬프트 엔지니어링

◆ ◆ ◆

홈스가 문제를 해결하는 방식

홈스는 늘 기괴하고 복잡한 사건을 맡는 것을 즐깁니다. 그런 사건의 자문을 맡으면 특유의 추리력을 바탕으로 온갖 난관을 돌파해 마침내 사건의 전모를 깔끔하게 밝혀내죠. 홈스 시리즈를 읽으면 전체를 관통하는 홈스식 문제 해결 기법과 프로세스를 추출할 수 있습니다.

명탐정 홈스의 문제 해결 능력의 뼈대는 크게 세 가지입니다.

첫째, 홈스의 남다른 능력의 기본은 짧은 시간 안에 점쟁이같이 사안의 본질을 꿰뚫는 추리력입니다. 홈스는 『주홍색 연구』에서 '추리의 과학' 기법을 왓슨에게 장황하게 설명합니다. 의심의 눈초리를 보내는 왓슨에게 실제 추리 기법을 적용하여 그를 깜짝 놀라게 하죠.

하숙집에서 왓슨을 처음 만난 홈스는 왓슨이 아프가니스탄에 파견되었다가 돌아온 군의관이라는 사실을 정확하게 맞힙니다. 또 왓슨의 형의 회중시계를 살펴보고는 왓슨 형의 재정 상태와 성격을 추리해냅니다. 사건을 의뢰하러 찾아온 여성의 소매를 보고 직업이 타이피스트라는 점도 알아맞히죠.

홈스의 두 번째 문제 해결 기법은 어떤 복잡한 사건이라도 사건의 구조를 먼저 파악하고 어떤 점이 충돌하는지를 추리하는 것입니다. 예를 들어 경찰이 지목한 용의자와 실제 단서가 일치하지 않는 점이 많다면 이것을 충돌이라고 설정합니다.

세 번째는 수사 도중 난관에 봉착했을 때 돌파책을 찾아내는 기법입니다. 홈스는 자신이 처음에 설정한 가설에 따라 수사하다가 가설에 맞지 않는 증거를 만나면 재빨리 다른 가설을 세워 새로운 증거를 수집합니다.

네 번째는 평소에 범죄와 수사 관련 정보와 지식을 축적하는 학습 루틴입니다. 예를 들어 홈스는 매일 신문을 읽으면서 정치 뉴스를 보지 않고 범죄 관련 뉴스에 집중해 머릿속에 축적합니다. 때때로 화학 실험을 하기도 하고 런던 토양과 지질 공부도 합니다.

이 네 가지 문제 해결 기법 중에서 첫 번째 추리력부터 살펴보겠습니다.

홈스의 논리적인 추론의 진행 단계

관찰을 통해 증거를 수집한다

홈스는 섬세한 관찰력을 발휘해 보통 사람들이 눈여겨보지 않는 사소한 단서들을 빠르게 수집합니다. 여성 의뢰인의 소매가 닳은 것, 회중시계의 긁힌 자국, 신발에 묻은 흙 등 사소한 단서가 홈스에게는 작은 구멍으로 보입니다.

적절한 질문을 한다

홈스는 궁금한 내용이 있으면 머릿속으로 명확한 질문을 공식처럼 만듭니다. '이 사람의 옷에서 출신이나 직업을 알 수 있을까?' '개의 침묵은 무엇을 의미하는가?' '빨간 머리 전당포 주인에게 하루에 몇 시간 동안 백과사전을 베껴 쓰는 일을 맡긴 이유는 무엇일까?'

가설을 만든다

항상 옷차림이 단정한 의사가 울퉁불퉁한 지팡이를 들고, 도시에서는 흔히 볼 수 없는 색깔의 굳은 진흙을 신발에 잔뜩 묻힌 채 홈스를 만나기 위해 베이커 스트리트에 도착했습니다. 홈스는 재빨리 진흙을 단서로 삼아 여러 가설을 세웁니다. '의사가 신발을 제대로 관리하지 않았다.' '런던의 구두닦이 소년들이 파업 중이다.' '시골에서 누군가를 만나고 서둘러 돌아오는 길이다.' 홈스는 이렇게 세운 가설을 하나씩 평가하기 시작합니다.

가설을 평가한다

홈스는 의사는 옷차림이 깔끔한 사람이므로 신발에 무관심할 리가 없다면서 의사가 신발을 제대로 관리하지 않을 가능성을 배제합니다. 또 거리에서 구두닦이 소년을 보았으니 그들이 파업 중이라는 가설도 버립니다. 의사가 마치 베이커 스트리트까지 달려온 것처럼 허둥지둥한 모습이었다는 점은 중시하며 이 점에 착안해 가장 그럴듯한 가설을 채택합니다. 의사가 시골로 왕진을 갔다가 서둘러 런던으로 돌아오느라 시골에서 묻은 진흙을 미처 털어낼 시간이 없었을 것이라고 추리합니다.

결론을 내린다

홈스는 이 가설을 바탕 삼아 의사에게 시골로 왕진을 갔다가 서둘러 돌아와야 했던 이유를 물어보면서 의사를 깜짝 놀라게 합니다.

미국 철학자 샌더스 퍼스Sanders Peirce는 홈스의 추리력을 가추법 abduction이라는 논리 기법으로 설명했습니다. 가추법은 관찰된 사실을 설명할 수 있는 가설을 설정하는 추론 방식입니다. 이는 기존의 지식이나 전제를 바탕으로 새로운 결론을 도출하는 귀납이나 연역과는 달리, 관찰된 현상을 가장 잘 설명할 수 있는 가설을 '발견'하는 과정에 초점을 맞춥니다. 즉 "왜 이런 현상이 일어났을까?"라는 질문에 대한 해답을 찾아가는 탐구 과정이라고 할 수 있습니다.

홈스는 평소에 주변 사물이나 현상에 대해 "왜?"라는 질문을 던지고, 그 질문에 답을 줄 수 있는 사소한 단서를 빠르게 획득하는 훈련을 반복합니다. 그런 단련을 통해 홈스는 자신이 추리하고 싶은 사람이나 사안을 접하면 가추법을 사용해 실체나 본질에 닿는 것입니다.

홈스는 수사 과정에서 가추법을 난관 돌파 기법으로 매번 활용합니다. 예를 들어 자신이 범인으로 생각한 사람을 수사하다가 가설과 맞지 않는 증거들을 만나면 새로운 가설을 세우고 가설 검증 작업을 여러 각도에서 다시 실시하는 거죠.

홈스의 문제 해결 기법 사례 : 「실버 블레이즈 실종 사건」

『셜록 홈스의 회상록』에 실린 「실버 블레이즈 실종 사건」은 홈스의 문제 해결 기법과 프로세스를 잘 보여주는 단편 추리소설입니다.

사건은 영국 런던 외곽 다트무어 킹스파일랜드 마방(馬房)에서 유명한 경주마인 실버 블레이즈가 실종되고 조련사 존 스트레이커가 숨진 채로 발견되면서 시작됩니다. 스트레이커는 머리에 치명상을 입고 죽었는데, 허벅지에 자신이 들고 있던 칼에 의한 상처가 나 있었습니다. 실버 블레이즈의 마주(馬主)인 로스 대령은 이 사건으로 큰 손실을 볼 위기에 처했습니다.

홈스와 왓슨이 사건 현장인 다트무어 킹스파일랜드에 도착했을 때, 그레고리 경위는 이미 존 스트레이커의 살인 용의자로 피츠로이 심슨이라는 경마 도박꾼을 체포하였습니다. 심슨이 용의자가 된 근거는 다음과 같습니다.

심슨은 실버 블레이즈가 참가할 워섹스컵 경주에 대한 내기를 건 상태에서 경주마 정보를 얻기 위해 사건 전날 마구간을 방문해 마구간 하녀, 일하는 소년 등에게 정보를 캐다가 쫓겨났습니다. 방문 당시 흉기로 사용할 수 있는 지팡이를 휴대하고 있었고, 스트레이커 살해 현장에서 심슨의 스카프가 발견되었습니다.

홈스는 1차 현장 조사를 통해 사건의 충돌 구조부터 파악합니다. 경찰은 경마 도박꾼 심슨을 범인으로 지목했지만, 홈스는 심슨을 용의자로 볼 경우 이상한 점들이 많음을 포착했습니다. 홈스는 사건 현장과 주변 탐문 조사를 통해 1차 가설을 수립합니다. 즉 아편이 섞인 커리, 짖지 않는 개 등 '작은 이상 징후'를 포착해 외부인이 아니라 내부인이 범인일 가능성이 높을 것이라는 가설이었습니다. 홈스는 이 가설에 부합하는 추가 단서 수집에 나섭니다. 스트레이커의 주머니 소지품과 사건 현장에서 놓친 성냥 등 추가 단서를 수집해 1차 가설을 검증해나갑니다.

이어 스트레이커가 실버 블레이즈를 빼돌린 범인이라는 2차 가설을 수립하고, 그 가설을 검증할 수 있는 추가 단서 수집 작업을 면밀하게 벌입니다. 특히 스트레이커의 주머니에서 나온 백내장용 메스와 고급 여성 의류 구입 영수증을 바탕으로 스트레이커의 범행 수법과 범행 동기까지 추리합니다.

홈스는 마침내 내연녀를 두는 등 호화 생활을 하던 스트레이커가 경마 도박을 위해 실버 블레이즈의 근육에 미세한 상처를 내는 수술을 하려고 마방에서 끌고 나왔다가 실버 블레이즈의 뒷다리에 머리를 맞고 숨진 사실을 밝혀냅니다.

홈스는 실버 블레이즈 사건을 수사하면서 문제 속에 감춰진 충돌 구조를 파악하고 이 문제를 해결하기 위해 가추법을 적절하게 활용하였습니다. 이 사례를 통해 홈스로서 여러분이 AI 왓슨과 소통할 때 필요한 프롬프트 엔지니어링의 핵심 원리를 쉽게 학습할 수 있습니다.

홈스식 프롬프트 엔지니어링

홈스로서 여러분이 AI 왓슨에게 일을 요청할 때 구체적인 매개체는 프롬프트입니다. 앞서 강조했듯이 프롬프트를 논리 정연하게 구조적으로 짜는 프롬프트 엔지니어링은 사용하기 쉽지만, 원하는 것을 가성비 높게 얻는 것은 상당히 어렵습니다. 이때 여러분이 홈스의 수사 기법과 프로세스를 머릿속에 넣고 비슷하게 따라 하면 프롬프트 엔지니어링 수준을 획기적으로 높일 수 있습니다. 프롬프트 엔지니어링 요령은 가추법에 기반을 둔 홈스식 수사 기법과 거의 동일합니다.

첫 번째, 홈스가 추리 대상이나 수사 대상을 포착하는 것처럼 여러분은 AI와 함께 일할 거리를 구상하는 작업을 해야 합니다. 즉 내가 알고 싶은 것, 해결하고 싶은 것이 무엇인지 자문하면서 AI와 함께 해결할 수 있는 문젯거리를 구상하는 것입니다.

두 번째 단계는 홈스가 추리 또는 수사 대상을 포착할 때 사소한 단서부터 챙기듯이 여러분 스스로 설정한 문제 해결 거리와 관련된 배경지식, 키워드, 데이터 등 관련 자료를 수집하는 것입니다. 대부분이 작업을 게을리하거나 생략하는 경향이 있는데, 이것이 프롬프트 엔지니어링의 질을 떨어뜨리는 원인으로 작용합니다.

세 번째 단계에서는 홈스가 사건의 구조를 파악하면서 충돌 지점이 무엇인지를 분석하듯이 문제 충돌 지점이 어디인지를 분석해야 합니다. 이어 그 충돌을 가장 효율적으로 해결할 수 있는 방안이 무엇인지 질문해야 합니다. 이처럼 질문을 던지는 단계에서 도메인 전문 지식을 활용하는 것이 매우 중요합니다.

네 번째 단계는 홈스가 사건의 충돌 구조를 해결할 수 있는 가설을 여러 개 세우듯이, 세 번째 단계에서 던진 질문에 따른 프롬프트를 몇 개 작성하는 것입니다. 이어 가장 확률이 높다고 판단한 프롬프트부터 AI 왓슨에게 요청해봅니다.

다섯 번째 단계는 가설을 평가하고 문제 해결 확률을 높여가기 위해 가설 검증과 평가 작업을 반복하는 것입니다. 즉 생성된 응답을 검토하여 부족한 부분을 식별하고 프롬프트를 재설계해야 합니다. 모델의 한계를 고려해 수정하고 보완하면서 점차 문제 해결 완료 단계까지 나아가는 것입니다.

마지막 단계는 홈스가 관련자를 전부 모아놓고 사건의 전모를 밝혀내고 수사를 종결하듯이, 가장 효과적인 프롬프트를 채택하는 것입니다. 재사용에 대비해 템플릿 형태로 저장하는 것도 좋습니다.

홈스의 추리 단계	설명	프롬프트 엔지니어링 대응	설명
추리/사건 대상을 포착한다	추리 및 수사 대상 포착	AI와 협업할 거리를 포착한다	내가 알고 싶은 것, 해결하고 싶은 것이 무엇인지 자문하고 문제 해결 거리를 구상한다
관찰하면서 단서를 수집한다	관찰과 자료 수집	배경지식, 데이터, 모 델 등 문제 해결에 필 요한 정보를 수집한다	문제 해결에 필요한 배경지식, 입력 데이터의 성격, 모델의 능력 · 제한 사항을 사전 파악한다
적절한 질문을 한다	본질을 꿰뚫는 질문 공식화	문제 충돌 지점이 어 디인지, 가장 효율적 으로 해결할 수 있는 방안이 무엇인지 질 문한다	도메인 전문 지식을 활용하여 문제 충돌 지점을 추리한다
가설을 만든다	다양한 가능성 제시	가설에 따른 프롬프 트를 작성해본다	다양한 표현 방식과 접근법을 시도하 여 모델의 반응을 비교한다 "이 톤은 어떨까?", "포맷을 바꿔보 면?" 등으로 실험한다
가설을 평가한다	가설을 검증 하고 배제	출력 결과를 검토하 고 반복 수정한다 (Iterative Refinement)	생성된 응답을 검토하여 부족한 부 분을 식별하고 프롬프트를 재설계하 여 모델의 한계를 고려해 수정 · 보 완한다
결론을 내린다	가장 개연성 높은 결론 도출	최적 프롬프트를 확 정하고 시스템화한다	가장 효과적인 프롬프트 구조를 도 출하고, 이후 재사용 가능한 템플릿 으로 저장한다

홈스식 프롬프팅 사례

아래 사례를 보며 원하는 답변 또는 자료를 손에 넣기까지 어떻게 홈스식 추리력을 발휘해야 하는지 알아봅시다. 앞서 소개한 이선 몰릭 교수의 책 『듀얼 브레인』이 한국어로 출간되었다는 뉴스를 접하고 챗지피티에게 궁금한 점을 물었습니다.

> '듀얼 브레인'의 핵심 내용은 무엇인가요?

> 듀얼 브레인(Dual Brain) 이론은 뇌의 두 가지 주요 시스템이 서로 다른 방식으로 작동한다는 개념을 바탕으로 한 이론입니다. 이 이론은 보통 **시스템 1**과 **시스템 2**로 나누어 설명됩니다.

> 이선 몰릭 교수가 쓴 책 '듀얼 브레인'을 물어본 것입니다.

> 알겠습니다! 말씀하신 '듀얼 브레인'은 몰릭(Morik)의 저서로, 인간의 두 가지 사고 시스템인 직관적 사고(시스템 1)와 논리적 사고(시스템 2) 간의 상호작용을 탐구한 책입니다. 이 책은 인간의 뇌가 어떻게 두 가지 서로 다른 방식의 사고를 동시에 활용하며, 이를 통해 우리가 어떻게 더 효율적으로 의사결정을 내리고 문제를 해결할 수 있는지에 대해 설명합니다.

이 내용은 대니얼 카너먼의 『생각에 관한 생각 책』 내용 같은데요.

맞습니다! 제가 잘못 이해한 부분이 있었습니다. 말씀하신 대로, **대니얼 카너먼**의 책 **"생각에 관한 생각"**(원제: Thinking, Fast and Slow)에서 다루는 내용은 바로 **듀얼 시스템 이론**입니다. 이 이론은 **시스템 1**과 **시스템 2**라는 두 가지 서로 다른 사고 체계를 설명하며, 이를 통해 사람들이 어떻게 생각하고 의사결정을 내리는지에 대한 깊은 통찰을 제공합니다.

미국 와튼 스쿨의 이선 몰릭 교수가 쓴 책을 물어보고 있습니다.

아, 이해했습니다! **이선 몰릭**(Ethan Mollick) 교수는 **펜실베이니아 대학교 와튼 스쿨**의 교수로, 주로 혁신, 창업, 기업가 정신과 관련된 연구를 진행하는 학자입니다. 그의 저서 중 하나는 "The Innovation Stack: Building an Unbeatable Business One Crazy Idea at a Time"입니다.

이선 몰릭 교수의 Duel Brain 책을 아직 학습하지 못했나요?

죄송합니다, 이제야 정확히 이해했습니다. 이선 몰릭(Ethan Mollick) 교수의 **"Dual Brain"** 책에 대해 말씀하신 것 같네요. 현재 제 지식에는 이선 몰릭 교수가 "Dual Brain"이라는 책을 출간했다는 정보는 포함되어 있지 않습니다.

그렇다면 이 책은 최근에 발표된 책이거나 아직 제 지식 범위에 포함되지 않은 것 같습니다. 책에 대해 더 구체적인 정보를 알고 계시다면, 해당 책의 핵심 내용이나 주제에 대해 논의할 수 있습니다. 또는 관련 자료를 제공해 주시면 더 나은 답변을 드릴 수 있습니다.

이선 몰릭 교수의 "듀얼 브레인" 원제는 "Co-intelligence"이네요.

아, 이제 정확히 이해했습니다! 이선 몰릭(Ethan Mollick) 교수의 책 "Co-Intelligence: The Future of Brain Science and AI"에 대해 말씀하신 거군요.

대화 내용을 보면 챗지피티는 이선 몰릭의 책 『듀얼 브레인』에 대해 계속 사실이 아닌 내용을 지어내고 있습니다.

일단 챗지피티는 '듀얼 브레인'이라는 한국어판 제목을 기초로 자신이 학습한 대니얼 카너먼의 인간의 뇌 작동 방식으로서 시스템1, 시스템2을 듀얼 브레인으로 설명했습니다.

필자가 이 설명에 의심을 품고 『듀얼 브레인』의 저자 정보를 추가로 챗지피티에게 제공하자, 『듀얼 브레인』의 저자 이선 몰릭이 와

튼 경영 스쿨 교수라는 점을 인지합니다. 그러면서 몰릭의 저서라며 책 한 권을 소개합니다. 그런데 챗지피티가 언급한 책(『The Innovation Stack』)을 아마존닷컴에서 확인해보니 저자가 다른 사람(Jim McKelvey)이었습니다.

필자가 이어 『듀얼 브레인』의 원제를 제시하자, 그 정보를 그대로 받아서 몰릭의 저서를 영어로 언급하면서 부제를 'The Future of Brain Science and AI'라고 생성했습니다. 원래 부제는 'Living and Working With AI'입니다. 즉 챗지피티는 필자가 제공한 원제를 바탕으로 부제를 확률적으로 생성한 것입니다. 얼핏 보면 그럴듯해서 잘못된 제목을 그대로 인용하는 경우도 있을 법합니다.

이 사례는 생성형 AI 사용자가 홈스처럼 정신을 바짝 차리고 AI왓슨과 대화하지 않으면 사실이 아닌 정보를 접할 가능성이 있음을 적나라하게 보여줍니다. 만약 홈스처럼 사고하면서 AI 산출물을 날카롭게 검증하지 않은 채 다른 곳에 활용했다면 크게 망신을 당했을 것입니다.

물론 챗지피티, 제미나이 등 메이저 AI 서비스는 계속 모델 성능을 높이면서 할루시네이션 현상을 많이 줄이고 있습니다. 챗지피티가 GPT-5 모델을 출시하고 나서 『듀얼 브레인』에 관해 같은 프롬프트를 다시 입력하자 제대로 된 산출물을 생성했습니다. 또 정보 출처까지 표시해 신뢰도도 크게 높였습니다.

그럼에도 여러분은 AI와 프롬프트로 소통 할 때 항상 홈스식 추리력을 발휘해야 합니다. '왜?' 또는 '사실일까?'라는 질문을 계속 던지면서 할루시네이션에 걸려들 위험을 제거해야 합니다.

8장

홈스,
AI 흔적을 없애라

AI 시대의
역설

◆ ◆ ◆

생성형 AI가 보편화되는 가운데 콘텐츠 생산자들이 AI를 적극적으로 활용하고 있습니다. 생성형 AI를 체험하면 웹사이트, 뉴스레터, 소셜미디어 등 각종 디지털 플랫폼에 올라오는 콘텐츠 중에서 어떤 것이 AI의 도움을 받은 것인지를 감각적으로 알 수 있습니다.

IT 매체 중에서 꽤 인기 있는 뉴스레터를 발간하는 곳이 있습니다. 저는 매주 이 매체의 뉴스레터를 받아 보면서 미국 IT 트렌드를 모니터링하고 있습니다. 그런데 2025년 초부터 뉴스레터에서 AI의 도움을 받은 흔적이 뚜렷하게 관찰되었습니다. 특히 특정 생성형 AI가 제공하는 각종 아이콘 이미지를 뉴스레터 콘텐츠에 그대로 사용한 점이 눈에 거슬렸습니다.

그 점을 의식하는 순간 이 매체의 뉴스레터에 대한 신뢰감이 뚝

떨어졌습니다. AI의 도움을 받아 1차 콘텐츠를 얻었다고 해도, 뉴스레터 편집자는 최소한 특정 AI가 사용하는 아이콘 이미지를 지우는 에디팅 작업을 진행해야 합니다. 그 정도의 수고도 하지 않았다고 생각하니 매체에 대한 신뢰도가 떨어진 것입니다.

누구나 AI를 손쉽게 사용할 수 있는 시대에는 AI가 작업한 흔적을 그대로 노출시키는 것보다 휴먼 터치를 통해 사람의 향내를 풍길 수 있는 것이 신뢰를 더 얻을 수 있습니다. 특히 텍스트 콘텐츠 생산에서는 AI가 작업한 것이라는 것을 직감하는 순간 "에이, 별것 아니네"라는 반응을 일으킵니다.

AI 왓슨은 성실하면서 손이 빠릅니다. 홈스로서 여러분이 프롬프트를 통해 작업을 요청하면 AI 왓슨은 신속하게 반응하면서 산출물을 생성해 여러분에게 제출합니다. AI 왓슨이 산출한 콘텐츠는 마중물 또는 초안 성격을 띱니다. 셜록 홈스 시리즈에서 홈스는 왓슨이 조사한 내용을 들은 다음 혼자 다시 추리하고 필요할 경우 추가 조사를 스스로 진행합니다. 왓슨이 훌륭한 조력자인 것은 맞지만, 사건을 해결하는 주체는 어디까지나 홈스 자신입니다.

이처럼 AI와 일할 때도 홈스로서 여러분은 AI 왓슨이 작업한 내용을 마중물 또는 초안으로 삼고 최종 콘텐츠로 만드는 작업은 직접 진행해야 합니다. 콘텐츠에 대한 책임도 홈스로서 여러분이 져야 합니다.

AI가 범용 도구로서 널리 퍼질수록 홈스의 에디팅 작업과 스킬이 갖는 의미는 더욱 커질 것입니다. 앞서 언급했듯이 모두가 AI와 함께 일하는 시대에는 역설적으로 AI가 작업한 흔적을 최대한 없애야 가치를 제대로 인정받을 수 있습니다.

홈스의
에디팅 스킬
익히기

◆ ◆ ◆

직장에서는 시장 동향 조사 보고서, 신상품 기획서, 위기관리 대책, 신상품 홍보, 신사업 개발 기획서 등 다양한 콘텐츠가 필요합니다. 단순한 자료 찾기와 문서 초안 작성에는 종합형 생성형 AI를 사용해도 목적을 충분히 이룰 수 있습니다. 내부 보고용 또는 외부 제안용 문서를 만들 때는 챗지피티의 심층 리서치 또는 제미나이의 딥 리서치Deep Research 등 RAG형 AI를 사용하게 됩니다.

미국의 AI 독주 속에서 유일한 대항마 역할을 하고 있는 중국의 LLM 기반 생성형 AI 사업 현황을 조사하는 것을 가정해서, 시장 동향 조사를 실시하고 최종 보고서를 만드는 과정을 소개하겠습니다.

중국의 거대언어모델 기반 생성형 인공지능 산업을 조사하고 싶어.

연구 웹사이트

(1) 중국의 거대언어모델(LLM) 기반 생성형 인공지능 산업의 전반적인 현황과 시장 규모를 파악합니다.

(2) 중국 내 주요 거대언어모델 개발 기업 및 생성형 인공지능 서비스 제공 기업을 식별하고, 각 기업의 주요 LLM 개발 현황과 생성형 AI 제품을 조사합니다.

(3) 중국 기업들이 개발한 특정 거대언어모델의 특징, 성능, 주요 응용 분야 및 사용 사례를 상세히 분석합니다.

(4) 중국 정부의 거대언어모델 및 생성형 인공지능 산업 관련 정책, 규제, 지원 방안 및 국가 전략을 탐색합니다.

(5) 중국 생성형 인공지능 산업에 대한 투자 동향, 주요 투자자, 자금 조달 현황 및 기업 가치 평가를 조사합니다.

(6) 중국 거대언어모델 기반 생성형 인공지능 산업이 직면한 주요 도전 과제(예: 데이터, 컴퓨팅 자원, 규제 등)와 성장 기회를 분석합니다.

(7) 중국의 거대언어모델 및 생성형 인공지능 기술이 글로벌 시장에서 차지하는 위치와 경쟁력을 비교 평가합니다.

(8) 중국 생성형 인공지능 산업의 미래 전망, 기술 발전 방향 및 잠재적 파급 효과에 대한 전문가 분석 및 최신 보고서를 수집합니다.

결과 분석

보고서 생성

연구 시작

연구를 완료했어요. 후속 질문을 물어보시거나 변경 사항이 있으면 요청하세요.

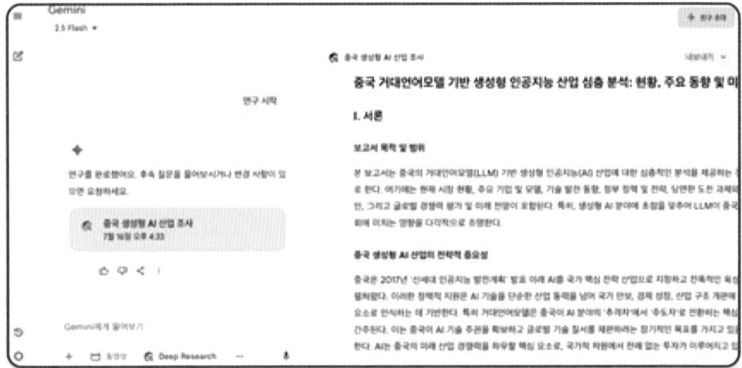

제미나이 딥 리서치가 산출한 중국의 인공지능 산업 현황 조사 보고서

위와 같은 과정을 거쳐 시장 동향 조사 보고서 초안을 손에 넣었습니다. AI 왓슨이 생성한 조사 보고서 초안은 굉장히 정교하게 구성되어 있습니다. 논리적인 목차, 결론, 참고 자료 정보 등 논문 형식을 잘 갖추고 있습니다.

누차 강조하지만 AI 생성물의 화려한 외관에 탄복하여 그대로 내외부 공식 문서로 채택하면 많은 문제를 야기합니다. 이 콘텐츠를 초안 또는 마중물로 삼아 본격적인 에디팅 작업을 진행해야 합니다.

먼저, AI 왓슨이 작성한 이 보고서를 구글 문서 또는 MS워드에 옮겨 에디팅할 수 있는 준비를 합니다. 홈스가 왓슨이 작성한 초안을 다듬어 실제 활용할 수 있는 수준의 콘텐츠로 만드는 과정은 언론사에서 편집국 부장이 기자가 송고한 초고를 다듬는 에디팅 과정과 거의 같습니다. 홈스는 언론사 내부 게이트 키핑과 에디팅 기법과 프로세스를 참고하여 다음과 같이 에디팅 작업을 진행합니다.

중복 체크

AI가 생성한 결과물을 살펴보면 유사한 내용을 반복해서 사용하는 경우가 생각보다 많습니다. LLM의 특징에서 나오는 현상입니다. 따라서 AI가 작업한 내용을 읽으면서 유사한 내용을 통폐합하는 '그루핑Grouping' 작업을 먼저 실시합니다. 그루핑 작업을 하는 요령은 유사한 내용을 과감하게 쳐내는 것입니다. AI의 어휘와 문장이 아무리 좋아도 다른 문장과 중복된다고 판단하면 과감하게 덜어내야 합니다.

그루핑 작업을 냉정하게 진행하면 보고서에 필요한 글감이 줄어들 우려가 있습니다. 보고서의 경우 글 전체의 뼈대를 형성할 수 있는 독립적이고 명료한 글감을 5~8개 이상 확보해야 합니다. 각각의 글감은 대체로 2~3개의 문단으로 구성됩니다. 독립된 글감을 가장 쉽게 이해하는 방법은 자신의 손을 펴놓고 손바닥과 손가락 관계를 보는 것입니다. 손바닥은 글의 핵심 테마 또는 주제이며 그것을 구현하는 독립된 글감이 손가락 5개입니다. 손가락은 손바닥에 연결되어 있으면서 다른 손가락과는 중복되지 않습니다.

중복 제거를 위한 그루핑 작업을 통해 글감이 3~4개밖에 남지 않았다면 그 문서는 내용이 단조롭고 설득력이 약하다는 신호입니다. 이 경우 추가 조사를 통해 독립된 글감을 더 확보하는 작업을 해야 합니다.

핵심 메시지의 명확성

중복을 덜어내고 독립된 글감 수를 충분히 확보한 다음에는 문서의 주제 또는 메시지가 명확한가를 따져봐야 합니다. 상사, 임원, 파트너 등 가상의 독자가 문서를 접했을 때 전달하고자 하는 핵심이 무엇인지 명확히 파악할 수 있게 만드는 에디팅 절차입니다.

핵심 메시지를 명확하게 하는 방법은 두 가지입니다. 독립된 글감을 바탕으로 바텀업Bottom-up 방식으로 메시지를 뽑아낼 수 있습니다. 또 핵심 메시지를 먼저 정해놓고 탑다운Top-down 방식으로 핵심 메시지에 맞는 글감을 채워나가는 방식이 있습니다.

문서의 핵심 메시지가 너무 많아도 문제가 됩니다. 핵심 메시지는 하나, 많아도 두 개 정도로 압축하는 것이 좋습니다. 2~3개 이상 핵심 메시지가 글에 담길 경우, 글의 주장이 약화될 수 있습니다. 핵심 메시지를 명확하게 뽑아내면 메시지를 뒷받침하는 글감을 논리적으로 재구성할 수도 있습니다. 사례, 논점 등이 논리적 흐름에 따라 순서대로 연결되어 있는지를 확인하는 것도 재구성 방법의 하나입니다.

어휘 사용 점검

AI는 화려한 용어를 많이 사용하는 경향이 있습니다. 이때 같은 단어를 반복 사용하지 않았는지, 어려운 용어를 쉽고 명확한 단어로 바꿀 수 없는지, 맥락에 맞는 어휘인지를 따져봐야 합니다. AI가 산출한 어휘를 그대로 사용하다가 큰 실수를 할 수 있습니다. 어휘의 질은 글의 품격과 신뢰도를 좌우합니다.

팩트 체크

AI와 일할 때 아무리 강조해도 지나치지 않는 단계는 팩트 체크입니다. AI가 그럴듯하게 만들어낸 문장을 그대로 사용했다가 낭패를

볼 수 있습니다. 나이, 이름, 장소, 일시 등 구체적인 내용은 사실 여부를 반드시 체크해야 합니다. 예를 들어, 제가 책을 쓰면서 AI에게 원고에 인용된 책을 색인하라고 요청했습니다. 그런데 AI는 그 책의 저자를 완전히 엉뚱한 사람으로 표기한 산출물을 제게 내밀었습니다. 꼼꼼한 팩트 체크로 이런 사태를 막아야겠죠.

맥락 입히기

AI가 만든 초안을 내외부에 써먹을 수 있는 완결된 문서로 만들기 위해서는 문서의 사용 목적에 맞는 맥락 정보를 입혀야 합니다. 예를 들어 신제품 기획서의 경우 단순히 경쟁사 동향 분석과 신제품 아이디어만을 담아서는 안 됩니다. 경쟁사와 다른 우리 기업의 비전과 기업이 추구하는 가치 등 개별 회사의 고유한 맥락 정보를 담아야 합니다.

일반 생성형 AI는 이와 같은 핵심 개념, 브랜드 정체성, 조직 맥락은 초안에 담지 못합니다. 따라서 홈스로서 여러분은 왓슨이 만든 초안에 '맥락'을 입히는 작업을 꼼꼼하게 수행해야 합니다.

AI에게 논리 및 표현 오류 찾기 작업 맡기기

AI 흔적을 없애기 위한 에디팅		
과정	AI가 만든 초안	에디팅 포인트
중복 체크	중복 내용이 많음	유사 내용을 통폐합하여 글감 5~8개 이상 확보, 글감 부족할 경우 추가 조사 통해 글감 확보
핵심 메시지 추출	핵심 메시지가 명확하지 않음	상사, 임원, 파트너, 고객 등 독자 시각에서 가장 직관적으로 이해할 수 있는 메시지 추출
어휘 점검	유사한 어휘 다수	중복 어휘 수정, 품격 있는 어휘로 교체하기
팩트 체크	할루시네이션 우려	지명, 날짜, 이름, 개념 등 구체적인 팩트 확인
맥락 입히기	일반 관점에서 서술	문서의 목적에 맞는 맥락 정보 입히기

AI의 흔적을 최대한 없애고 휴먼 터치를 입히는 작업은 AI의 가치를 극대화하는 데 아주 중요합니다. 이런 에디팅은 휴스로서 여러분이 AI와 협업을 했지만 결과물은 여러분의 것이며, 그것에 책임을 지는 사람도 여러분이라는 점을 확실하게 다지는 작업입니다.

그런데 홈스로서 여러분이 아무리 꼼꼼하게 에디팅 작업을 한다고 해도 논리 또는 표현 오류를 미처 찾아내지 못할 수 있습니다. 에디팅을 하는 과정에서 자신이 없거나 미심쩍은 대목이 있다면 AI 왓슨에게 추가로 작업을 요청하면 좋습니다.

논리 및 표현 오류 검증 작업을 할 때는 가능한 한 원고를 A4용지 한 장 분량으로 잘라서 AI에게 입력하고 '이 글에서 논리 및 표현 오류를 찾아줘'라고 프롬프팅 해보세요. 그러면 AI는 추론 모드를 사용해 글의 논리 및 표현 오류를 짚어내고, 오류 수정을 반영하여 새로 써주기도 합니다.

AI가 다시 작성해준 글을 채택할 것인지의 여부는 홈스로서 여러분이 냉정하게 판단하여 결정해야 합니다. 필자의 경험에 따르면 AI가 작성한 글은 물 흐르듯이 유연하고 매끄럽습니다. 또 긴 글을 압축하기 때문에 분량이 줄어듭니다. 그러나 AI가 만들어준 문서를 그대로 가져다 사용하기에는 너무 AI 스타일이 진하다는 느낌을 받습니다.

필자의 경우 AI가 산출한 논리 및 표현 오류 내용을 보면서 명백한 오류라고 판단될 경우 그 부분을 수정하고 실제 제가 쓴 글을 최종본으로 활용하려고 합니다. 때로는 AI가 판단한 오류가 진짜 오류인지를 일반 검색 기능을 통해 다시 확인합니다.

3부

홈스의 지적 파트너

9장

RAG 방식
AI 서비스

AI,
나만의 튜터

◆ ◆ ◆

    필자는 2025년 5월 서울대에서 개설한 빅데이터 AI CEO 과정에 2기 수강생으로 참여하였습니다. 6개월 동안 매주 2회 3시간씩 AI 이론, 활용 사례, 코딩 실습을 체계적으로 배우는 과정입니다. 수업을 듣기 전에 스스로 IT를 좀 안다고 자부했는데, 실제 수업에 참여해보니 복잡한 수식 이해가 필요한 LLM 알고리즘 등 첨단 AI 이론 수업을 따라가기가 수월하지 않았습니다. 강의실에서 첨단 AI 모델 수업을 들으면 대략 이해한 것 같은데, 집으로 돌아오는 길에 온갖 질문거리가 머릿속에서 솟아나곤 했습니다. 수업 시간에 물어볼걸 하면서 후회했지만, 실은 수업 시간에 기초 사항을 질문하기가 쑥스러워 마음을 접곤 했습니다.

    다행히 AI를 공부하면서 구글의 노트북LM이라는 개인맞춤형 AI 서비스를 접했기에 노트북LM을 나만의 교사로 설정하는 아이디어를 떠올렸습니다. 노트북LM에 '서울대 빅데이터 AI 과정'이라는 폴더를 만들고 교수진이 배포한 강의 자료(주로 PDF 형태)를 차례로 업로드했습니다.

이런 준비를 하고 나서 수업 시간에 미처 이해하지 못했던 사항에 대해 시간이 날 때마다 노트북LM에 질문을 퍼붓기 시작했습니다. 아주 기초적인 개념부터 헷갈리는 사항까지 쉴 새 없이 질문을 던졌습니다. 노트북LM은 지치지도 않고 싫어하는 기색도 없이 저의 질문에 상세하게 답변해주었습니다.

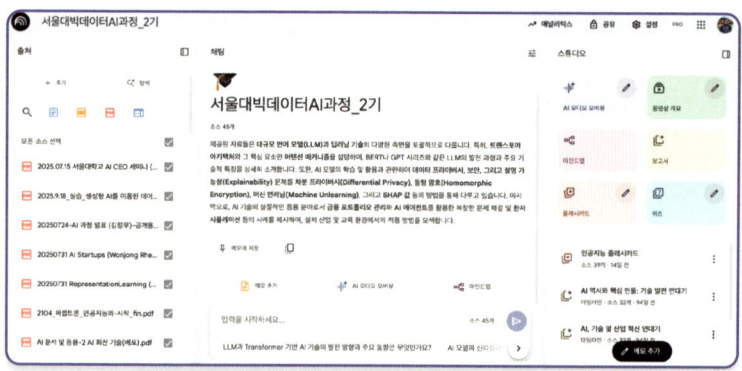

구글 노트북LM에서 AI 강의 개인 튜터를 구축한 모습

물론 저의 질문에 대한 AI의 답변은 모두 교수진이 제작한 강의 자료를 근거로 한 것입니다. 또 답변에는 반드시 근거 자료를 링크로 걸어두어 필요할 경우 그것을 직접 확인할 수 있습니다. 이런 점으로

인해 같은 질문을 했을 때 구글 노트북LM의 답변은 챗지피티나 제미나이의 답변과 많이 다릅니다. 종합형 AI는 모든 사용자에게 두루 적용될 수준의 답변을 하는데, 경우에 따라 전혀 엉뚱한 답변을 내놓기도 합니다.

이에 비해 노트북LM은 내가 업로드한 자료 범위 안에서 사용자의 질문을 분석하고 답변을 하기에 할루시네이션이 매우 적습니다. 노트북LM은 기술적으로 표현하면 RAG(Retrieval-Augmented Generation)를 활용한 개인맞춤형 AI 서비스에 해당합니다.

RAG는 생성형 AI의 기본 알고리즘을 활용하되, 사용자가 제공하는 데이터와 최신 인터넷 정보를 검색하여 읽은 데이터를 대상으로 산출물을 생성하는 방식을 뜻합니다. RAG는 생성형 AI가 근거가 명확한 데이터를 실시간으로 참조하여 사용자의 프롬프팅에 대응함으로써 환각 작용을 방지하면서 동시에 사용자의 욕구에 정확하게 대응하기 위해 고안된 것입니다.

사용자의 질문은 RAG 시스템에 들어오는 순간 벡터 수치로 변환되고, 이 벡터를 사용해 문서가 저장된 벡터 데이터베이스에서 유사도가 높은 관련 문서를 검색합니다. 그다음 검색된 문서 내용Context

을 원본 질문과 함께 LLM에 전달하여, LLM이 이 근거 자료를 바탕으로 최종 답변을 생성합니다.

RAG는 한꺼번에 읽기 어려운 방대한 자료를 AI가 대신 읽도록 하고, 필요한 부분을 꺼내 사용하는 데 아주 유용합니다. 기업 등 조직 차원에서는 내부 데이터를 외부에 유출하지 않으면서 AI의 장점을 활용할 수 있는 방안으로 RAG를 채택할 수 있습니다.

개인맞춤형
AI 서비스

◆ ◆ ◆

구글 노트북LM

개인맞춤형 AI 서비스로는 구글 노트북LM, 노션notion이 많이 이용되고 있습니다. 챗지피티 등 종합형 AI 서비스도 개인맞춤형 AI 메뉴를 제공합니다. 이 중 구글이 운영하고 있는 노트북LM의 기능을 중심으로 개인맞춤형 AI의 특성과 활용법을 살펴보겠습니다.

우선 노트북LM을 사용하기 위해서는 'notebooklm.google'에서 '사용해보기'를 클릭하고 로그인해야 합니다. 이어 '새 노트 만들기'를 클릭하면 소스를 추가할 수 있는 창이 뜹니다.

기본적으로 문서, 텍스트, 웹사이트 링크, 유튜브 등 사용자가 제공하는 데이터를 개인맞춤형 AI 소스로 추가할 수 있습니다. 사용자

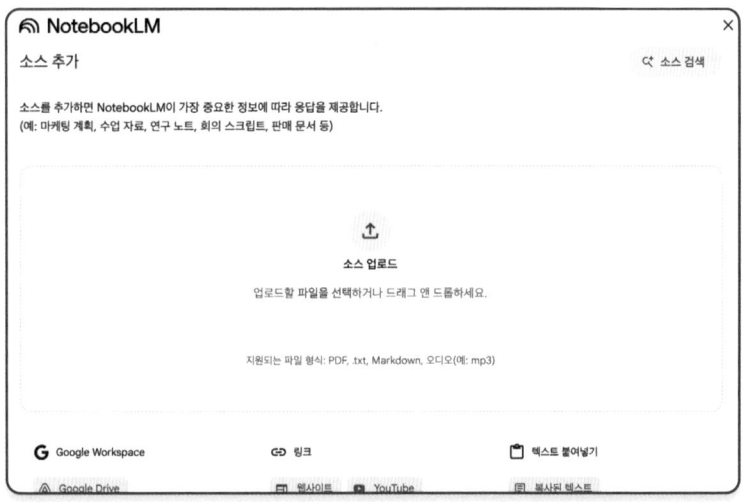

데이터를 입력하는 방법은 크게 '추가'와 '탐색' 두 가지입니다.

먼저 추가 기능부터 살펴보겠습니다.

첫째, 사용자의 컴퓨터에 보관되어 있는 자료를 직접 업로드하는 방법입니다. 파일 형식은 주로 PDF, 마크다운 형식 파일, 음성 파일, 이미지 파일입니다. 회의할 때 내용을 녹음했다면 MP3 파일 형태로 저장해서 노트북LM에 업로드하면 자동으로 오디오를 텍스트로 전환해줍니다. 오디오 파일을 텍스트로 추출해주는 기능은 회의 내용을 신속하게 텍스트 문서로 정리하는 데 활용하기 좋습니다.

다만 구글이 운영하는 서비스 특성으로 인해 MS워드, 엑셀, 아래아한글 등은 업로드 파일 형식으로 지원하지 않습니다. MS워드와 아래아한글 문서를 업로드하려면 PDF로 먼저 전환하여 파일을 업로드하면 됩니다.

둘째, 구글 드라이브에 미리 작성해둔 문서와 슬라이드 중에서 입력할 데이터를 선택할 수 있습니다. 같은 구글 플랫폼을 사용하기에 별도 로그인 없이 바로 구글 드라이브의 문서와 슬라이드에 접근하여 원하는 문서 또는 슬라이드를 클릭하기만 하면 노트북LM이 바로 자료를 읽어 들입니다.

셋째, 웹사이트와 유튜브 링크 형태로 데이터를 입력할 수 있습니다. 웹사이트 주소를 복사해서 입력하면 노트북LM이 해당 웹사이트를 방문하여 정보를 가져옵니다. 유튜브 동영상 링크 정보를 입력하면 유튜브 동영상에 내장된 스크립트 데이터를 읽어 들입니다.

넷째, 사용자가 작성한 텍스트 데이터를 복사해 직접 붙여넣기를 통해 데이터를 입력할 수 있습니다.

그다음 '탐색'을 통해 데이터를 입력하는 방법을 소개합니다. 탐색 버튼을 클릭하면 창이 뜨는데, 사용자가 확보하기를 원하는 데이터를 자연어 또는 키워드로 표현하면 검색엔진이 자료를 찾아서 검색 목록을 보여줍니다. 그중에서 사용자가 체크한 검색 결과를 노트북LM이 읽어 들입니다.

이처럼 다양한 노트북LM의 데이터 입력 방식 중에서 유튜브 동영상 정보를 텍스트로 입력할 수 있는 점이 돋보입니다. 유튜브는 세상의 모든 정보를 영상으로 유통하는 거대한 정보의 바다입니다. 뉴스, 엔터테인먼트, 강연, 여행 등 온갖 정보가 흘러넘치지만 그런 정보를 제대로 활용하기란 무척 어렵습니다. 동영상 속 정보를 얻으려면 동영상을 시청할 수밖에 없기 때문입니다.

노트북LM은 유튜브 동영상 주소를 입력하면 노트북LM이 유튜브 동영상에 입력되어 있는 스크립트를 순식간에 읽어 들임으로써 동영상에 담긴 모든 오디오 정보를 텍스트로 전환해줍니다. 영상 속 오디오에서 AI로 스크립트를 뽑는 유튜브의 '자막' 기능을 활용한 것입니다.

노트북LM의 유튜브 자막 추출 기능은 학습과 리서치에 아주 큰 장점을 발휘합니다. 예를 들어 1시간짜리 강연 동영상을 처음부터 끝까지 주의력을 잃지 않고 시청하는 것은 참 힘듭니다. 이런 강의 영상이 10개라면 시청이 더욱 힘듭니다. 이 경우 동영상 강의를 담은 유튜브 URL 10개를 복사하여 차례로 입력하면 노트북LM은 순식간에 영상 속 오디오 강의 내용을 풀텍스트로 추출하여 노트북LM에 저장합니다. 텍스트로 전환된 강의 내용을 바탕으로 핵심 테마를 요약하고 또 궁금한 점을 질문함으로써 학습 시간을 크게 단축할 수 있습니다.

노트북LM 작동 원리와 활용성

사용자가 다양한 경로를 통해 데이터를 노트북LM에 입력하는 것은 사람의 뇌에 정보를 저장하는 것과 유사합니다. LLM 등장 이전에도 컴퓨터를 이용해 인간의 뇌 한계를 극복하기 위한 수단이 많이 존재했습니다. 물리적으로는 하드디스크, USB메모리, 웹스토리지(드롭박스, 구글 드라이브) 등이 정보 저장장치 역할을 했습니다. 저장 소프트웨어로는 에버노트, 노션, 옵시디언, 구글 킵 등이 개인 정보 저장 도구로서 널리 사용되었습니다.

하지만 최신 RAG 기술을 이용해 개인 정보를 저장하고 활용하는 것은 지금까지 인간의 뇌 한계를 보조하기 위해 고안된 저장 방법과 차원이 다릅니다.

첫째, 노트북LM은 사용자가 업로드한 문서를 먼저 작은 의미 단위로 자동 분할(청킹)합니다. 분할된 각 청크는 임베딩 모델에 의해 의미 기반의 벡터로 변환되고, 이 벡터들은 벡터 데이터베이스에 저장됩니다.

개인 정보의 저장에서 가장 중요한 요소는 필요할 때, 원하는 정보를 즉시 꺼내 볼 수 있어야 하는 점입니다. 정보를 저장해놓고 써먹어야 할 때 찾지 못하면 정보 저장의 가치가 전혀 없습니다. RAG와 같은 최신 AI 기술을 정보 저장 및 활용에 적용하기 전까지는 정보를 꺼낼 때 카테고리, 키워드, 태그 등을 활용했습니다. 전통적인 정보 검색 기술로는 사용자가 원하는 정보를 정확하게 끄집어내기 어려웠습니다.

특히 사람들은 정보를 찾을 때 정보 저장 시에 붙인 태그나 정보 속에 담긴 단어를 기억하지 못하고 유사한 태그나 키워드를 찾기 마련입니다. 이 점으로 인해 원하는 정보를 찾지 못해 애를 태우는 경우를 종종 만납니다.

이에 비해 벡터 데이터베이스와 LLM을 융합한 RAG는 정보를 완전히 새로운 방식으로 조직화함으로써 사용자가 원하는 정보를 추출할 때 부딪히는 장벽을 새로운 방식으로 낮췄습니다.

즉 사용자가 벡터 데이터베이스에서 정보를 찾거나 답변을 원할 때 정확한 키워드를 입력하지 않아도 정보 원천을 바탕으로 가장 근접한 답변을 줄 수 있는 길을 연 것입니다.

둘째, 검색된 청크는 LLM에 전달되고, LLM은 이를 읽고 요약하여 자연어로 답변을 제공합니다. 이 과정은 마치 도서관 사서나 비서에게 질문하듯 자연어로 요청하면 필요한 자료를 사람이 이해 가능한 형태로 정리해주는 경험과 유사합니다. 기존 노트 도구가 키워드 중심의 정적 검색에 머물렀던 것과 비교하면 훨씬 더 인간 친화적인 정보 활용 방식입니다.

노트북LM의 세 번째 장점은 LLM의 환각 현상을 최소화해 관련성과 신뢰도가 높은 답변을 제공한다는 점입니다. 특히 답변 시 근거가 되는 소스를 각주처럼 달아서 사용자가 정보 출처를 쉽게 확인할 수 있도록 돕습니다. 책이나 논문에서 출처를 밝힘으로써 자료와 주장의 신뢰성을 확보하는 방법과 동일합니다.

네 번째 장점은 분석 결과를 오디오, 마인드맵, 동영상 등 다양한 인터페이스를 통해 사용자에게 쉽게 설명해준다는 점입니다. 노트북 LM의 경우 오디오 개요(AI 음성 개요 또는 팟캐스트) 기능을 제공하는데, 이 기능은 사용자가 업로드한 자료를 기반으로 음성 콘텐츠를 자동으로 생성해줍니다. 오디오 개요 기능을 이용하면 비서가 사용자가 준 자료를 모두 꼼꼼하게 읽고 핵심을 정확하게 이해한 다음 사람의 음성으로 쉽게 풀이해서 들려주는 듯합니다.

또 학습한 내용을 마인드맵 형식으로 보여주는 기능도 있습니다. 마인드맵은 복잡한 내용을 한 화면에 노드와 링크를 통해 전체 내용을 보여줍니다. 노트북LM의 경우 마인드맵의 각 노드를 클릭하면 노드에 달려 있는 텍스트 원문을 보여줍니다.

이 밖에 노트북LM에 입력한 소스를 바탕으로 만들어주는 동영상 강의 콘텐츠는 학교나 직장에서 온라인 강의용으로 활용하는 데 손색이 없습니다.

10장

개인맞춤형 AI, 인지대역폭 한계 극복

여러분의
비서, 튜터, 조사원으로서
AI

◆ ◆ ◆

비서, 도서관 사서, 연구 조교, 출판사 기획자, 왓슨 박사의 공통점은 무엇일까요? 이들은 모두 프로페셔널 직업인이면서 동시에 자신을 낮추고 파트너의 요구에 충실히 맞춰주려는 직업 자세를 갖고 있습니다. 이들은 또 파트너와 오래 일하면서 파트너의 습관, 취향, 성격, 장단점을 잘 파악하고 있습니다. 이들은 파트너가 몇 마디만 하면 무엇을 원하는지를 알아차리고 필요한 조치를 효과적으로 수행합니다. 특히 파트너가 원하는 자료를 아주 잘 찾아주고 때로는 어려움에 처한 파트너에게 적절한 조언을 건네기도 합니다.

노트북LM을 한번 사용해보면 프로페셔널하게 또 성실하게 나를 보좌하고 지원해주는 사람과 일하는 느낌을 갖게 됩니다. 어쩌면 홈스-왓슨 모델에서 왓슨의 캐릭터를 가장 잘 구현해주는 AI 서비스가 노트북LM과 같은 개인맞춤형 AI 서비스가 아닐까 생각합니다.

홈스로서 여러분에게 개인맞춤형 AI 왓슨은 비서, 도서관 사서, 연구 조교, 출판사 기획자와 같은 역할을 수행할 것입니다.

왓슨은 홈스가 맡긴 데이터를 잘 보관하면서 그가 원하는 것을 척척 제공할 것입니다. 여러분이 정말 중요한 문서를 작성할 때, 중요한 의사결정을 해야 할 때, 특정 테마를 연구하고 싶을 때, 낯선 분야에 대한 공부가 필요할 때, 깊이 있는 공부를 하고 싶을 때 왓슨은 여러분 곁에서 아주 유능하게 지원해줄 것입니다.

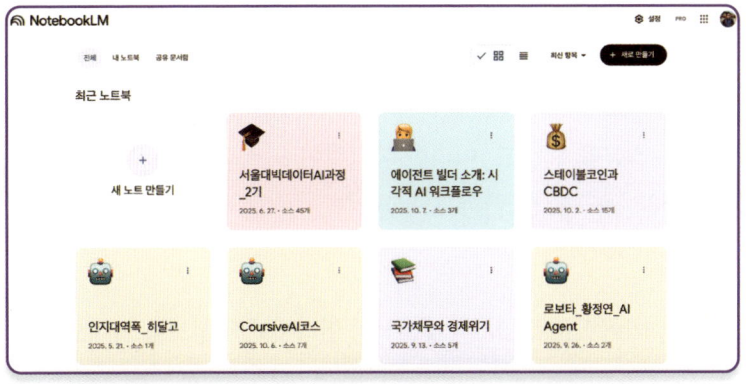

노트북LM에 구축한 비서, 개인 튜터, 조사원 등 나만의 지적 파트너

개인맞춤형 AI는 기업 경영전략실, 법률 회사, 컨설팅 회사, 연구

개발 분야에서 근무하는 사람에게 활용 가치가 아주 높습니다. 이들의 공통점은 문제 해결에 광범위한 내부 자료를 사용한다는 것인데, 그런 자료를 섣불리 범용 AI에 입력해서 작업할 수는 없습니다. 또 찾고자 하는 솔루션이 독창적이어야 하며 동시에 외부에 노출이 되면 안 됩니다.

연구 동반자 AI, 저술가 스티븐 존슨의 활용 사례

사이먼 토쿠미네Simon Tokumine 구글 랩스 디렉터는 2025년 7월 '세상을 바꾸는 시간 15분'(일명 '세바시')에 강연자로 출연하여 노트북LM 개발 배경을 설명했습니다. 사이먼은 구글 랩스에서 AI가 전적으로 특정 기업이나 사용자 개인의 특정 맥락에 기반을 둔다면 어떨까 하는 질문을 던졌고, 이러한 통찰력이 노트북LM을 만들게 된 계기가 되었다고 밝혔습니다.

그는 이어 노트북LM은 일반적인 인터넷에서 정보를 가져오지 않고, 대신 사용자가 제공하는 자료(연구 논문, 스크립트, 노트 등)만을 학습하여 해당 프로젝트에 대한 전문가가 된다면서, 단순히 요약하는 것을 넘어 사용자와 함께 종합하고 비판하며 아이디어를 구상하는 협력자의 역할을 수행한다고 강조했습니다.

사이먼은 이 강연에서 베스트셀러 『탁월한 아이디어는 어디서 오는가』의 저자이자 노트북LM의 편집 책임자인 스티븐 존슨Steven Johnson이 노트북LM을 활용한 사례를 소개했습니다. 존슨은 19세기 미국 캘리포니아에서 일어난 골드러시에 대한 방대한 역사책을 집필 중이었는데, 산더미 같은 자료와 수천 개의 노트를 가지고 있었음에도 구조나 설득력 있는 서사가 없어 애를 태우고 있었습니다.

존슨은 자신의 연구 자료를 노트북LM에 업로드한 후, AI에게 "이 자료를 기하급수적으로 시간이 줄어드는 방식으로 구성해줘, 골드러시 '백만 년 전'부터 시작해서, '천 년 전' 그리고 갈등 발생 '하루 전'까지 이어지도록 말이야"와 같은 매우 추상적이지만 창의적인 프롬프트를 주었습니다.

노트북LM은 즉시 자료들을 종합하여 수백만 년 전 금의 지질학적 형성 과정부터 갈등 전날의 인간 드라마에 이르기까지 완전한 서사적 흐름을 구성해냈습니다. 막역하기만 했던 스티븐 존슨은 30분 만에 정교하고 창의적인 청사진을 얻게 되었습니다. 사이먼은 "노트북LM이 책을 직접 쓴 것은 아니지만, 개념적인 뼈대를 제공함으로

써 창의성의 천장을 높여주는 진정한 협업을 보여주었다"고 말했습니다.

이처럼 개인맞춤형 AI는 여러분의 지적 수준 및 취향이 비슷한 연구 동반자 역할을 할 것입니다. 여러분이 마케터라면 온라인 마케팅에서 정평이 난 책 몇 권을 엄선하여 PDF 형태로 노트북LM에 입력해서 여러분의 온라인 마케팅 전문 컨설턴트로 사용할 수 있습니다. 마케팅 전략을 수립하거나 개념이 헷갈릴 때 노트북LM의 온라인 마케팅 폴더를 열어서 원하는 작업을 지시하거나 질문하면 즉시 신뢰할 만한 산출물을 얻을 수 있습니다.

의사결정 조력자 AI

하루에도 집중해서 의사결정을 해야 할 사안이 많습니다. 하지만 회의, 전화 통화, 인터넷 뉴스 검색, 메신저 소통 등 이런저런 일을 하다 보면 의사결정을 위해 방해받지 않는 시간을 확보하기가 어렵죠. 그러다 보면 의사결정을 미루게 되고 결국 마감에 몰려서 불충분한 정보와 불충분한 숙고를 바탕으로 의사결정을 하기 십상입니다.

앞서 언급한 인지대역폭의 한계도 의사결정을 제대로 못 하는 원인으로 작용합니다. 사람이 뇌를 활성화시키고 각성한 상태에서 정보를 획득하여 분석하고 최종 의사결정을 할 수 있는 인지대역폭은 제한선이 있기 마련입니다. 그러다 보니 사람들은 당장 발등에 떨어진 현안부터 처리하고 나머지는 서랍 속에 넣어두려고 합니다.

지금까지 사람의 의사결정에 필요한 인지대역폭을 조금이라도 확장해주는 역할은 비서, 부하 직원, 외부 전문가, 프리랜서 등 사람이 해왔습니다. 컴퓨터 하드웨어와 소프트웨어는 작업 효율성을 조금 높여줄 뿐 필요한 인지대역폭을 확보해주지는 못했습니다.

생성형 AI는 인류 역사에서 처음으로 인지대역폭을 확장해주는 역할을 하고 있습니다. 여러 AI 서비스 중에서도 개인맞춤형 AI는 그 역할을 아주 성실하게 수행합니다. 예를 들어 고가의 제품 및 서비스 구매 시 의사결정에 어려움이 있을 때도 개인맞춤형 AI를 활용해 인지대역폭 부담에서 벗어날 수 있습니다.

필자는 자동차 교체 시점이 다가오자 하이브리드 자동차와 전기차를 놓고 깊이 고민했습니다. 일단 인터넷 검색을 통해 최신 하이브리드 및 전기차 모델 정보를 수집했습니다. 대체로 자동차 전문 블로

거와 유튜버의 정보가 주류를 이뤘습니다. 유튜브 동영상의 경우 시승기, 자동차 분해, 구매 가이드 등 다양한 정보를 담고 있었습니다. 그런데 동영상을 여러 개 보다 보면 그 내용이 그 내용 같아서 나중에는 영상을 대충 보게 되었습니다. 블로그 글과 유튜브 영상을 보고 수천만 원대 고가 제품 구매를 결정하기는 다소 부담스러웠습니다. 또 주변 사람들의 조언도 제각각이어서 구매 결정을 자꾸 미루기만 했습니다.

그러던 중 노트북LM을 접하고 나서 테슬라 등 각종 전기차를 소개한 유튜브 동영상을 노트북LM에 입력했습니다. 블로그 URL도 입력했고, '탐색' 기능을 통해 인터넷상 정보를 추가로 입력했습니다. 필요한 정보를 어느 정도 노트북LM에 입력했다고 판단한 시점부터 개인 비서에게 물어보듯이 수시로 궁금한 것을 질문했습니다.

예를 들어 "2025년에 출시된 전기차의 배터리 용량과 품질을 비교해줘"라고 요청하면 노트북LM은 즉시 전기차 유튜버들이 언급한 배터리 대목만 찾아서 비교 분석해줬습니다. 테슬라의 경우 온라인 판매 방식으로만 차를 팔기에 구매 절차가 궁금해서 "테슬라 구매 가이드를 프로세스에 따라 정리해서 표로 만들어줘"라고 요청했더니 깔끔한 구매 절차 가이드를 표 형식으로 생성해줬습니다.

자기주도학습
튜터로서
AI

— ◆ ◆ ◆ —

강수진 박사 유튜브 강의 공부

더 프롬프트 컴퍼니의 강수진 대표는 국내 1호 프롬프트 엔지니어로 유명합니다. 강 대표는 미국 하와이 대학교에서 언어학 박사학위를 받고 AI 기업 뤼튼에 입사해 언어학에 대한 전문 지식을 바탕으로 LLM의 특성을 잘 살릴 수 있는 프롬프트를 연구했습니다.

강 대표는 생성형 AI 열풍 속에서 인기 강사로서 활발하게 활동하며 『프롬프트 엔지니어의 업무일지』라는 책을 펴냈습니다. 또한 티타임즈의 유튜브 방송에 출연해 프롬프트 엔지니어링에 대한 전문 지식과 풍부한 경험을 공유하기도 했습니다. 이런 활동을 바탕으로 강 대표는 '더프롬프트 컴퍼니'라는 회사를 창업하고 또 자신의 유튜브 채널(프롬수진)을 개설하여 프롬프트 엔지니어링을 체계적으로 소개하는 활동을 하고 있습니다.

필자는 강 대표의 책과 유튜브 영상을 보면서 그 영상 콘텐츠들을 노트북LM에 아카이빙 해나갔습니다. 새로운 콘텐츠가 공개될 때마다 역시 그것들을 추가했습니다. 프롬프트 엔지니어링을 학습하면서 궁금한 점을 언제든지 물을 수 있도록 가상의 '강수진 박사 튜터'를 만든 것입니다. 그런 다음 프롬프팅을 하다가 어려움에 부딪힐 때마다 강수진 박사 튜터를 찾아서 꼬치꼬치 묻습니다. 아주 기초적인 질문이라도 서슴없이 던져서 궁금증을 해소하곤 합니다.

프롬프트 엔지니어링 학습을 위해 노트북LM에 구축한 강수진 박사 튜터

이렇듯 가상의 튜터는 필요할 때마다 쉽게 만들어 요긴하게 활용할 수 있습니다. 특히 4부에서 다룰 노코드와 바이브 코딩을 활용할

때 프로그래밍 튜터로서 활용 가치가 높습니다.

저는 노코드 플랫폼인 앱시트 함수를 학습하기 위해 앱시트 튜터를 만들었습니다. 앱시트 사용법을 체계적으로 소개한 블로그 정보와 구글에서 직접 만든 앱시트 활용 강의 동영상을 튜터에 입력했습니다. 앱시트 튜터는 노코드로 앱을 만들 때 아주 유용했습니다.

이전에는 프로그래밍에 대한 질문을 구글 검색에서 주로 했는데 원하는 답을 얻기가 참 어려웠습니다. 키워드 검색을 통해 검색 결과 목록을 보면서 일일이 클릭해서 하나하나 살펴야 겨우 찾을 수 있었습니다. 프로그램의 경우 폰트가 깨알처럼 작고 복잡한 수식으로 표현되어 있어 눈으로 정보를 읽고 판단하기도 어려웠습니다.

이에 비해 앱시트 튜터는 정확한 앱시트 정보를 담고 있고 또 자연어로 물을 수 있어 정말 노련한 앱시트 개발자를 곁에 둔 기분이 들게 합니다. 바이브 코딩을 활용할 때도 코딩 관련 튜터를 초빙해 함께 일하면 바이브 코딩 과정에서 겪는 어려움을 잘 극복할 수 있습니다. 이처럼 가상 튜터로서 AI의 확장성은 무궁무진합니다.

신입사원 온보딩 교육 튜터

개인맞춤형 AI는 각종 학습 양태도 크게 바꿔놓을 것입니다. 현재와 같은 일방향 강의식 교육은 완전히 낡은 방식이 되고, 학습자가 AI와 대화하면서 학습하는 소크라테스식 교육이 부활할 가능성이 높습니다.

예를 들어 신입사원 온보딩 교육에 맞춤형 AI 도구를 활용할 수 있습니다. 모든 기업은 매뉴얼, 제품 설명서, HR 정책, 과거 프로젝트 보고서 등 직원 교육에 필요한 자료를 내부에 갖고 있습니다. 그런 자료들을 구글 드라이브에 업로드합니다. '신입사원 온보딩 교육자료'라는 별도 폴더에 회사 비전 및 조직 문화, 회사 역사, 회사 조직

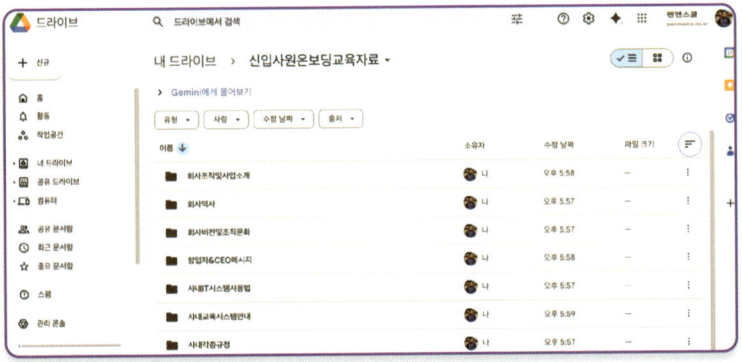

구글 드라이브에 온보딩 교육용 폴더를 만들어
회사 비전 및 조직 무화 등 관련 사내 자료 소스 업로드하기

및 사업 소개, 사내 규정집, 사내 IT 시스템 사용법 등 하부 폴더를 만들고, 온보딩용 각종 내부 교육 자료를 유형별로 해당 폴더에 업로드합니다.

이어 교육 담당자는 구글 노트북LM에서 각 폴더별로 노트를 새로 만듭니다. 그런 다음 노트와 구글 드라이브의 자료를 연결하죠. 예

구글 드라이브 폴더를 활용해 노트북LM 온보딩 교육용 튜터를 생성하는 모습

를 들어 '신입사원 온보딩_회사 비전 및 문화' 노트에는 각종 교육 자료 중 '회사 비전 및 조직 문화' 폴더를 소스 데이터로 연결하여 추가합니다. 이러면 노트북LM이 교육 자료를 학습하여 온보딩 교육 AI 튜터 역할을 하게 되는 것입니다.

다음 단계로 노트북LM의 오디오 오버뷰 기능과 동영상 개요 기능을 이용해 소스 데이터에서 핵심 내용을 오디오로 뽑아내고, 동영상 강의 자료를 생성합니다. 오디오 오버뷰는 가공의 두 사람이 대화 방식으로 핵심 내용을 알려주고, 동영상은 일반 강연 영상처럼 한 사람이 내용을 알려줍니다.

이렇게 신입사원 온보딩 교육용 AI 튜터가 생성되었습니다. 교육 담당자는 노트북LM의 '신입사원 온보딩_회사 비전 및 문화' 노트를 이메일을 통해 입사자, 그리고 사내 신입사원 멘토와 공유합니다. 신입사원은 교육 담당자가 공유한 노트를 자신의 노트북LM에서 볼 수 있습니다. 먼저 오디오 오버뷰를 청취하고 이어 동영상 개요를 시청합니다. 두 멀티미디어 자료는 기업의 역사, 비전, 조직 문화를 압축해서 쉽게 설명해줍니다. 두 가지 멀티미디어 교육 자료를 시청한 후 궁금한 점이 있으면 노트북LM 대화창에서 질문하면서 자기주도학습을 합니다. 예를 들어 "기업 자율성을 중시한다고 하는데 구체적인 사례를 들어주세요"라고 질문하면 노트북LM은 해당 소스 자료를 바탕으로 구체적인 사례를 찾아줍니다.

교육 담당자 또는 멘토는 신입사원이 어떤 질문을 던졌는지 과제로 제출하도록 함으로써 자기주도학습 과정을 모니터링하면서 평가합니다. 교육 효과 측정은 다양하게 할 수 있지만 자기주도학습을 지향하는 것에 맞춰, 신입사원이 스스로 어떤 질문을 던지는지 보면서 정성적으로 측정하는 것이 좋습니다. 질문의 양, 질문의 질, 그리고 질문에 대한 답을 보고 후속 질문을 어떻게 던지는지도 살펴본 후 평가하면 좋습니다.

AI 튜터를 이용한 교육을 모두 마친 후 오프라인에서 신입사원과 멘토단이 모여서 토론을 통해 학습 내용을 얼마나 이해했는가를 측정하는 형식도 추천합니다.

AI 튜터를 이용한 자기주도학습 방식의 사내 교육은 기존 교육 시스템이 지닌 많은 문제점을 해결해주면서 새로운 효과까지 얻을 수 있습니다. 기존 교육 시스템은 대체로 오프라인 강의와 온라인 강의에 기반을 둔 주입식 교육입니다. 강의 콘텐츠 제작, 강사료 등 각종 준비와 진행에 비용과 시간이 많이 들면서 교육 효과도 정확히 알기 어려운 구조입니다.

AI 튜터를 활용하면 그간 회사가 축적해온 각종 자료를 그대로 활용할 수 있습니다. 또 슬라이드, 동영상 등 교육용 콘텐츠를 별도로 제작하지 않아도 됩니다. 신입사원 스스로 교육 콘텐츠를 활용하고 질문하는 방식을 취함으로써 관리 감독 요소도 확 줄어듭니다.

따라서 AI 튜터를 통한 사내 교육은 온보딩 교육 외에도 기본기 교육, 직무 전환 교육, 사원 교육에 두루 적용할 수 있습니다.

신입사원 기본기 교육 AI 튜터

일 잘하는 직장인으로 성장하기 위해서는 주어진 시간 안에 일을 깔끔하게 마무리하는 시간 관리 스킬을 익혀야 합니다. 그러기 위해서는 자기 시간을 어떻게 사용하는지 체크하고 미루는 습관을 고쳐야 합니다. 또 아무리 열심히 일해도 혼자서는 24시간밖에 활용하지 못하는 한계를 극복하기 위해 남의 시간을 빌리는 스킬을 익혀야 합니다. 이런 시간 관리 스킬은 직장인이라면 반드시 익혀야 하는 기본 요소입니다.

회사마다 신입사원과 주니어 사원을 대상으로 이런 시간 관리 스킬 교육이 필요한데도, 체계적으로 교육하는 프로그램을 운영하기가 쉽지 않습니다. AI 튜터를 활용하면 이런 고민을 말끔하게 해결할 수 있습니다.

다음은 노트북LM을 활용해 '시간 관리 스킬' AI 튜터를 생성한 사례입니다.

노트북LM을 활용할 시간 관리 스킬 학습 튜터

교육 자료는 시간 관리와 관련해 고전 반열에 오른 『피터 드러커의 자기경영노트』, 『쏟아지는 일 완벽하게 해내는 법』, 『프랭클린 익스프레스』 등 5권의 책입니다. 이런 책에서 시간 관리를 담은 챕터의 핵심 내용을 추려서 노트북LM에 업로드합니다.

이어 교육용 멀티미디어로서 오디오 오버뷰를 생성시킵니다.

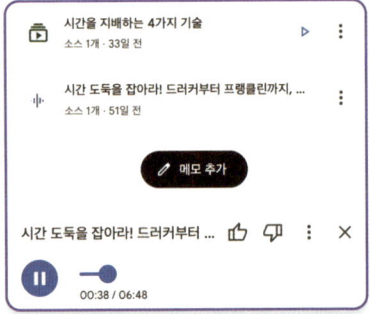

업로드한 소스 데이터를 바탕으로 자동으로 생성한 오디오 오버뷰

다음 단계에서 동영상 강연 자료로서 동영상 개요를 생성시킵니다. 이 콘텐츠는 AI 튜터가 슬라이드를 보여주면서 핵심 내용을 설명해주는 형식을 띱니다.

노트북LM에 업로드한 소스를 바탕으로 AI가 생성한 동영상 강의

이제 교육 대상자는 아무리 물어도 귀찮아하지 않고 친절하게 답변을 해주는 AI 튜터의 도움을 받아 스스로 학습을 진행할 수 있습니다. 눈치 보지 않고 가장 기본적인 용어부터 말도 안 되는 질문까지 마음껏 할 수 있는 것입니다.

이처럼 AI 튜터를 통한 자기주도학습은 직장인 기본기 교육, 직무 전환 교육, AI 트렌드와 같은 첨단 트렌드 교육 등 기업에 필요한 각종 교육에 두루 적용할 수 있습니다.

음성 모드 활용
외국어 회화 챗봇 만들기

직장인에게 간단하게 만들어 사용할 수 있는 개인맞춤형 AI는 꽤 유용한 도구입니다. 대표적인 개인맞춤형 AI는 GPT와 Gem입니다. 이 중 GPT는 이전에 GPTs라는 이름으로 서비스되다가 2025년 8월부터 GPT로 간소화되었습니다.

개발자나 개인이 직접 GPT를 제작할 수 있고, 프롬프트, 행동 방식, 음성 톤, 데이터 연결 등을 자유롭게 설정할 수 있습니다. 즉 나만의 '비서형 GPT'를 만들 수 있는 메뉴입니다. 예를 들어 '법률 상담 GPT', '코딩 도우미 GPT', '영어 회화 GPT'처럼 특정 분야 지식을 중심으로 특화할 수 있습니다.

GPT 특징 중 하나는 내부 문서를 업로드하여 그 문서를 바탕으로 챗봇을 만들 수 있다는 점입니다. 이 점을 활용하여 간단한 고객 상담용 챗봇을 만들 수 있습니다. 또 내부 임직원을 대상으로 하는 기업 내부 안내 기능을 담은 챗봇을 만들 수도 있습니다.

이런 개인맞춤형 서비스와 AI의 멀티모달 기능 중 하나인 음성 모드를 융합하면 개인에게 유용한 외국어 학습용 챗봇을 쉽게 만들 수 있습니다. 직장인들은 바쁜 생활 속에서 짬을 내어 외국어 회화 공부를 하기 위해 주로 전화 영어 서비스를 많이 이용합니다. 전화 영어 서비스의 단점은 약속된 시간에 꼭 통화를 해야 한다는 점입니다.

AI로 외국어 회화 챗봇을 만들면 스마트폰으로 자신이 원하는 시간에 원하는 장소에서 횟수에 제한 없이 공부할 수 있습니다. 또 AI와 대화를 하면서 어법, 어휘, 발음에 대한 피드백을 바로 받을 수 있습니다.

영어 회화 튜터를 GPT로 만든 사례를 소개합니다.

나만의 영어 회화 튜터를 만들려면 챗지피티에서 'GPT' 메뉴로 들어가 만들기를 선택합니다. 제목, 설명 칸을 채우고 지침(프롬프트)에 다음과 같은 프롬프트를 입력합니다.

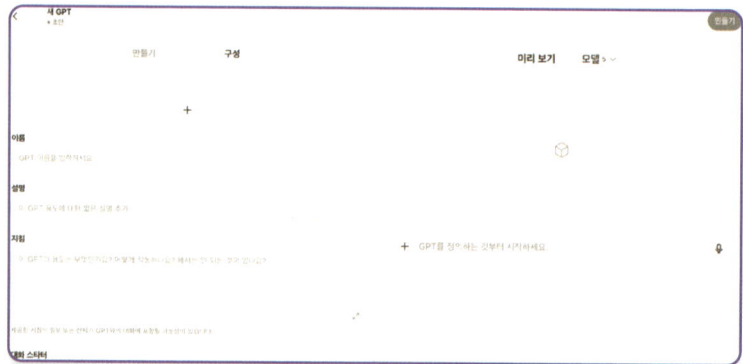

챗지피티 GPT 메뉴의 만들기 화면

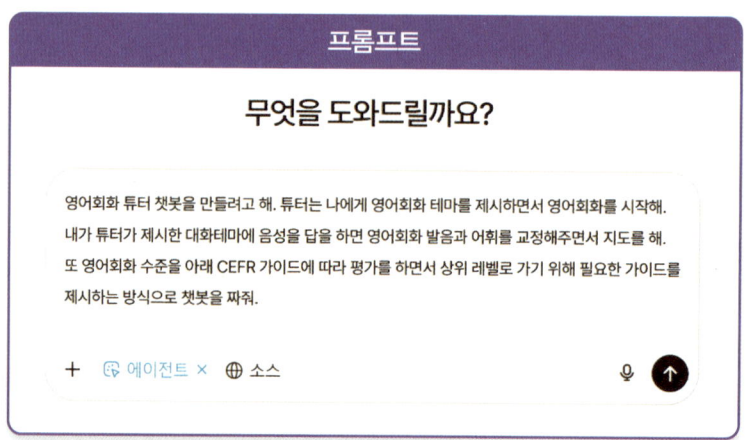

프롬프트

무엇을 도와드릴까요?

영어회화 튜터 챗봇을 만들려고 해. 튜터는 나에게 영어회화 테마를 제시하면서 영어회화를 시작해. 내가 튜터가 제시한 대화테마에 음성을 답을 하면 영어회화 발음과 어휘를 교정해주면서 지도를 해. 또 영어회화 수준을 아래 CEFR 가이드에 따라 평가를 하면서 상위 레벨로 가기 위해 필요한 가이드를 제시하는 방식으로 챗봇을 짜줘.

＋ 에이전트 ✕ ⊕ 소스

이런 과정을 거쳐 영어 회화 튜터가 생성됩니다. GPT는 나만 보기, 링크 있는 모든 사람, GPT 스토어 등 3가지 옵션을 제공합니다. 내가 만든 회화 챗봇을 나만 사용할 수도, 친구와 사용할 수도 있고, 불특정 다수와 공유할 수도 있습니다.

GPT로 만든 개인맞춤형 회화 챗봇은 스마트폰에서 사용하면 더욱 편리합니다. 짬이 날 때 스마트폰에서 회화 챗봇을 실행하여 대화를 주고받으면서 공부할 수 있습니다.

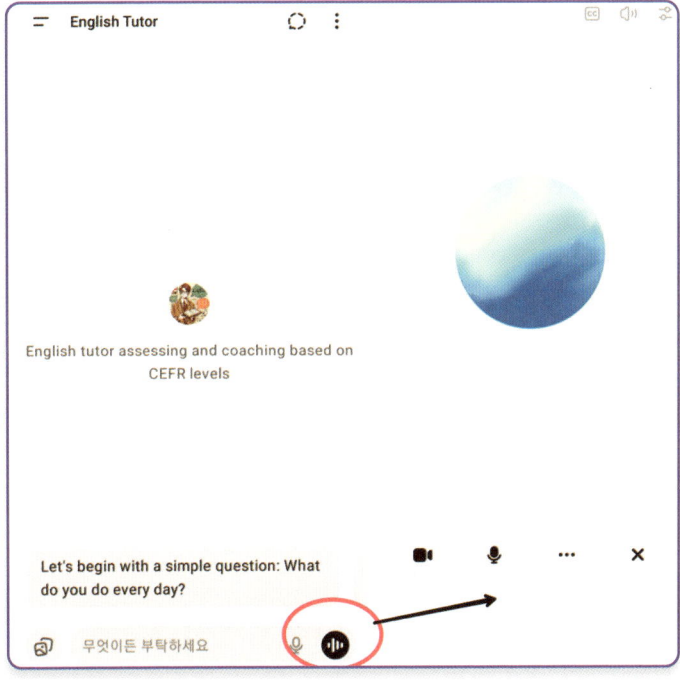

챗지피티 개인맞춤형 메뉴인 GPT를 이용해 만든 영어 회화 튜터에서
음성 모드를 실행하여 챗봇과 대화하는 장면

챗지피티는 다양한 외국어를 지원하기에 일본어, 프랑스어, 스페인어, 중국어 등 자신이 원하는 외국어 회화 공부에 GPT를 바로 적용할 수 있습니다.

이미지, 동영상 생성

일을 하다 보면 이미지, 동영상 등 멀티미디어 콘텐츠가 필요할 때가 많습니다. 생성형 AI는 텍스트, 코드에 이어 이미지, 동영상과 같은 멀티미디어 콘텐츠를 자연어를 통해 원하는 스타일로 생성해줍니다. 이에 따라 발표 자료, 블로그, 소셜미디어 등 각종 작업에 필요한 이미지를 뚝딱 만드는 길이 열렸습니다. 소셜미디어 바이럴용 홍보 동영상도 외부 전문가의 도움을 받지 않고 AI를 이용해 충분히 만들 수 있습니다.

자신이 원하는 멀티미디어 콘텐츠를 잘 만드는 핵심도 역시 프롬프팅입니다. 즉 만들고 싶은 이미지를 텍스트로 구체적으로 잘 묘사해야 원하는 이미지를 쉽게 얻을 수 있습니다. 경우에 따라 원하는 이미지를 한국어로 기술한 다음 영어로 번역해(이것도 AI 번역 서비스로) 프롬프트에 입력하면 더 정교한 이미지를 얻기도 합니다.

AI를 이용한 멀티미디어 콘텐츠 작업 유형은 다음과 같습니다.

우선 무에서 유를 만들 때 사용합니다. 예를 들어 발표 자료에 휴머노이드가 대중화된 세상을 보여주는 이미지를 얻고 싶을 때, 원하는 이미지를 프롬프트로 작성하면 AI는 그에 해당하는 이미지를 만들어줍니다.

두 번째, 자신이 갖고 있는 이미지를 업로드하여 그것을 소재로 삼아 다양한 작업을 할 수 있습니다. 예를 들어 2025년 초에 한국에서 지브리 스튜디오 스타일 이미지가 대유행했는데, 이는 챗지피티에 사진을 올리고 '일본 애니메이션 스타일로 바꾸되, 따뜻하고 순수한 감성을 살려줘'라고 프롬프팅을 해서 얻은 이미지들입니다.

AI의 이미지 가공 수준이 높아지면서 업로드한 이미지를 원하는 대로 편집해주는 방향으로 발전하였습니다. 이를테면 그동안 많이 사용했던 어도비Adobe의 이미지 편집 도구를 AI가 대체하는 것이지요.

구글의 이미지 서비스인 '나노바나나nano banana'를 이용하면 내가 업로드한 사진 속 인물의 포즈를 바꾸다든지, 배경을 원하는 대로 바꾸는 작업도 가능합니다.

구글 제미나이(나노바나나)를 이용해 배경을 전환

나노바나나는 원하는 이미지를 종이 위에 펜으로 그린 후에 이를 업로드하면 실사 이미지로 전환하는 기능도 제공합니다. 구글 나노바나나는 제미나이에 탑재되어 있어 제미나이 사용자는 프롬프트에서 바로 나노바나나 기능을 사용할 수 있습니다.

세 번째 멀티미디어 작업 유형은 동영상 제작입니다. 프롬프트만으로 원하는 동영상을 만들 수도 있고, 2D 이미지를 활용하여 동영상을 만들 수도 있습니다. 백지 상태에서 동영상을 만드는 것보다 2D 이미지를 소재로 동영상을 만드는 방식이 자신이 원하는 동영상을 더 효과적으로 얻는 길입니다.

예를 들어 신제품을 출시하면서 바이럴 홍보 영상을 만들고 싶을 때, 실제 제품 사진, AI로 생성한 모델 이미지, 제품 사용 배경 이미지 등 미리 준비한 이미지를 합성해서 동영상으로 만들어달라고 프롬프팅하면 원하는 동영상을 만들 수 있습니다.

동영상 생성 및 편집을 하려면 챗지피티(소라), 제미나이(나노바나나, Veo3), 구글 워크스페이스Vids를 이용하거나 프리픽Freepik, 클링 등 동영상 전문 AI 서비스를 이용할 수 있습니다. 동영상의 경우 토큰을 텍스트보다 많이 사용하기에 무료는 횟수 제한이 있어 본격적으로 사용하려면 유료 서비스를 이용해야 합니다.

AI의 멀티미디어 생성 및 편집은 직장인에게 쓰임새가 아주 많습니다. 발표 자료 또는 제안서를 작성할 때 멀티미디어를 이용한 설득은 텍스트보다 훨씬 더 효과가 큽니다. 복잡하고 장황한 텍스트 대신 개념을 보여주는 다양한 멀티미디어를 전문가 도움 없이 만들 수 있다는 것은 직장인 입장에서 천군만마를 얻은 듯한 기분일 것입니다.

브랜딩, 마케팅용 이미지와 영상을 만들어 활용하는 것도 추천합니다. 회사 홈페이지, 블로그, 외부 마케팅 채널을 운영하면서 이미지와 영상을 적극적으로 활용해야 하는데, 항상 멀티미디어 제작이 걸림돌입니다. 비용과 제작 시간이 많이 들기 때문입니다.

이럴 때마다 현업 직장인이 직접 멀티미디어를 기획해서 제작함으로써, 내부 디자이너나 영상 제작팀에 의뢰하는 과정에서 발생하는 소통 비용을 확 줄일 수 있습니다. 광고 영상 콘셉트를 개발할 때 데모용 영상을 만드는 용도로 사용해도 좋습니다.

4부

홈스, 코딩 활용 스킬

11장

문제 포착하기

내 업무 해킹,
해결하고 싶은
문제 찾기

◆ ◆ ◆

AI가 빠르게 확산되면서 AI를 잘 쓴다는 평을 받는 직원들이 주변에서 관찰됩니다. 이들 중 다수가 AI를 사용해 발표용 슬라이드 자료를 몇 분 안에 만들었다거나 회의록 요약을 쉽고 빠르게 하고 있다고 자부합니다.

퍼스트브레인 AI 연구소의 김덕중 소장은 25년 4월 티타임즈의 유튜브 방송에 출연해 "회의록 요약 수준의 AI 사용 실태는 극히 표면적이다. 스스로 자신의 업무를 분해하여 어떤 부분을 AI를 활용해 혁신할 수 있는지를 파악하는 능력이 더 중요하다"면서 "AI 시대 직장인은 업무 해킹 능력을 갖춰야 한다"고 주장했습니다.

김 소장이 강조하는 업무 해킹이란 직장인이 수행하고 있는 업무 프로세스에서 어떤 부분이 효율성과 생산성을 떨어뜨리는 것인가를 분석하는 것을 뜻합니다. 또는 마음속에서 찜찜한 느낌을 갖고 있는 과제가 무엇인가를 객관적으로 표현하는 것을 뜻하기도 합니다.

직장인이라면 자신의 업무를 분석할 때 다음과 같은 질문을 던질 수 있습니다.

1. "내 업무 또는 내가 관장하고 있는 부서의 시간을 잠식하는 단순하고 반복적인 업무가 어떤 것인가?"

업무 중에서 반복 업무가 상당한 비중을 차지합니다. 영업사원이라면 1일 영업보고서를 작성하는 일이 될 테고, 고객 불만 담당이라면 고객을 응대하고 그 내용을 문서에 담아 보고하는 일일 것입니다. 온라인 마케팅 담당은 회사가 관리하는 각종 소셜미디어에 마케팅용 콘텐츠를 올리고 댓글을 분석하는 리포트를 작성하는 일을 반복해서 합니다.

2. "남의 도움을 받아야 하는 업무 중에서 나 스스로 해결할 수 있는 업무는 어떤 것인가?"

내 업무 중에서 IT 요소가 개입된 사안 대부분이 이런 유형에 속합니다. 이벤트 웹페이지 개발, 데이터 수집 및 분석 등 현업에서 필요한 것들을 개발자와 디자이너에게 의뢰하지 않고 스스로 해결할 수 있다면 업무 효율성이 크게 높아집니다.

3. "묵은 과제 중에서 내가 해결책을 찾기 위해 도전할 만한 업무는 어떤 것인가?"

중요한 문제이지만 누구도 손을 대려고 하지 않는 묵은 과제가 회사 안에 많이 있습니다. 누군가 의사결정에 필요한 데이터를 모아서 분석하면 해결책을 찾을 수 있는데, 굳이 먼저 나서서 손을 대려는 사람이 아무도 없는 것입니다. 이런 상황에서 문제 해결 아이디어를 IT를 이용해 증명할 수 있는 길을 찾아야 합니다. 이런 방법을 PoC(Proof of Concept)라고 합니다.

4. "문제가 이미 발생했거나 가까운 시일 내에 문제가 발생할 가능성이 높은 업무는 어떤 것인가?"

누구나 마음속에서 찜찜하게 여기는 문제를 갖고 있습니다. 이런 사안은 대체로 이미 위험 신호를 감지했으나 '좀 더 지켜보자'는 식으로 문제 해결을 미루기 마련입니다. 예를 들어 현업 담당자는 판매량이 목표에 조금씩 미달하거나 고객 불만 접수 건수가 증가하는 현상을 접하면 위험을 직감하지만 위험 신호를 보고하는 등 즉시 행동에 나서지 않습니다.

이미 발생했거나 발생 가능성이 높은 문제를 포착하는 것은 내 업무 해킹에서 아주 중요합니다.

5. "발상 전환을 통해 새로운 가치를 만들 수 있는 창의적인 새로운 아이디어는?"

직장인은 기존 방식에서 벗어나 완전히 새로운 방식으로 새로운 가치를 만들 수 있는 아이디어를 구상할 필요가 있습니다. 경우에 따라 회사에서 독립해 자신만의 사업에 도전할 만한 아이디어를 낼 수도 있습니다.

김덕중 소장은 이처럼 스스로 자신의 업무를 세세하게 분석하는 업무 해킹이 AI 사용 전에 반드시 해야 할 일이라고 강조합니다. AI 대중화 시대에 업무 해킹 능력이 중요해진 것은 지금까지 기술의 제한성으로 인해 해결하기 어려웠던 부분을 AI의 능력을 이용해 해결할 수 있는 길이 활짝 열렸기 때문입니다.

김덕중 소장의 조언을 접하고 필자 개인의 일과 필자가 속한 조직에서 관장하고 있는 일에 대해 해킹을 시도해봤습니다. 우선 A4 용지를 펼쳐놓고 5개 질문을 스스로에게 던지면서 펜으로 답변을 종이에 적어 내려갔습니다.

유형	과제	비고
반복 업무 자동화	• 보도자료 기사화 시간을 줄일 방안이 없을까? • 관심 테마 뉴스 수집 및 사내 배포를 자동화할 수 없을까? • 사내 복지 관련 상담에 시간을 빼앗기는 총무 담당 직원의 업무를 줄일 수 없을까?	
IT 개발팀 의존 탈피	• 각종 구독 서비스 현황을 스마트폰에서 관리할 수 있는 앱이 있다면? • 워드프레스로 운영하는 비영리법인 사이트 리뉴얼을 개발자/디자이너의 지원 없이 수행할 수 없을까?	
묵은 과제/ 도전적 과제	• 전자결재 할 때 과거 히스토리를 즉석에서 물어볼 수 있는 가상 비서를 전자결재창 옆에 붙일 수 없을까? • 명함, 주소록 등 흩어져 있는 개인 인맥 정보를 한곳에 모아 개인 CRM을 구축할 수 없을까? • 신입사원 기본기 교육을 온라인으로 효과적으로 실시할 방안이 없을까?	개인 CRM을 이용해 뉴스레터/ 문자 발송 관리하는 방안
리스크 감지 및 대응	• 마케팅 부실화 조짐, 사내 컴플라이언스 위반 조짐 등 각종 위험 데이터를 조기에 포착할 수 있는 방법이 없을까?	
창의적 아이디어 실현	• 사내 직무 교육에 AI 튜터를 만들어 임직원들이 스스로 학습하게 할 방법이 없을까? • 어떤 기업이 부실화되는지를 알 수 있는 기업 온라인 평판 시스템 개발할 수 없을까?	
기타	• 노트북 내 각종 파일을 쉽게 정리 정돈할 수 없을까? • 여러 곳에 흩어져 있는 사진 등 이미지 파일을 한곳에서 효과적으로 관리하면서 활용할 수 있는 방안이 없을까?	

문제 해결과 코딩 요소

　개인 업무 해킹 결과 목록을 정리하고 나서 임의로 하나를 골라서 AI 왓슨에게 작업을 요청했습니다. 고른 항목은 '관심 테마 뉴스 수집 및 사내 배포를 자동화할 수 없을까?'였습니다. 그 결과는 아래와 같습니다.

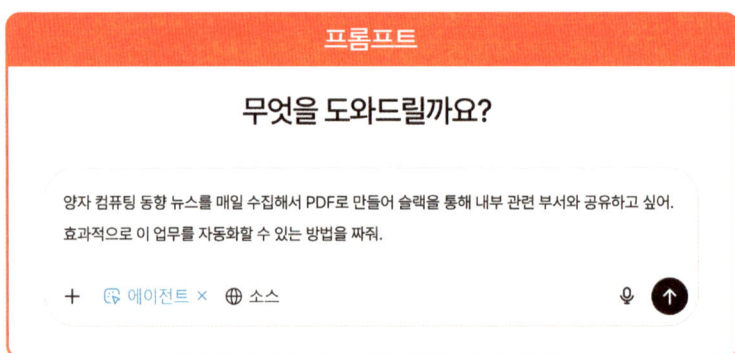

　　뉴스 수집 및 배포 자동화를 요청하는 프롬프트를 입력하고 나서 AI의 산출물을 꼼꼼히 뜯어보니, 텍스트 콘텐츠 생성물과는 상당히 다른 요소를 지니고 있었습니다. 챗지피티는 뉴스 자료를 수집해서 가공하고 이를 다른 플랫폼에 자동으로 전송하기 위해 노코드/로우코드 플랫폼을 사용하거나 코드 기반으로 개발하는 방안을 제시합니다.

　　이 사례는 직장인이 자신의 업무를 해킹하여 추출한 과제를 AI를 통해 해결하려면 코딩 요소를 도입해야 함을 보여줍니다. 또 AI를 중심축으로 삼아 기존 애플리케이션과 서비스를 연결해야 원하는 해법을 찾을 수 있다는 점도 보여줍니다.

필자가 해결하고 싶은 나머지 과제를 찬찬히 뜯어보니 위 사례와 비슷한 면을 지니고 있었습니다. 모두 공통적으로 코딩 요소를 활용해야 원하는 결과를 얻을 수 있는 것입니다.

유형	해법 구성	비고
반복 업무 자동화	재피어/메이크닷컴/n8n 등 노코드 자동화 플랫폼, 생성형 AI API	오픈AI(에이전트 빌더), 구글(오팔) 등 AI 빅테크도 노코드 자동화 플랫폼 제공
IT 개발팀 의존 탈피	노코드 플랫폼/코딩 활용/생성형 AI API	
묵은 과제/ 도전적 과제	노코드 플랫폼/코딩 활용/생성형 AI API	
리스크 감지 및 대응	노코드 플랫폼/코딩 활용/생성형 AI API	
창의적 아이디어 실현	노코드 플랫폼/코딩 활용/생성형 AI API	
기타	각종 MCP 서버 활용	PC 파일정리는 filesystem MCP 서버 활용

다행히 AI 왓슨은 여러분이 문제 해결을 위해 코딩이 필요할 때면

언제 어디서든지 코딩 생성을 지원합니다. LLM은 처음에 단어 예측 모델에서 출발했으나, 전 세계 개발 코드를 학습하고 나서 사용자가 자연어로 원하는 코드를 프롬프트에 입력하면 코드를 자동으로 생성해주는 능력을 보탰습니다.

이에 따라 홈스로서 여러분이 어떤 문제에 코딩 요소를 개입시켜 문제를 해결하고 싶다면 AI 왓슨에게 코딩을 요청할 수 있습니다. 물론 AI의 코딩 능력을 활용하는 것은 기획서, 보고서 등 문서 작성에서 AI를 활용하는 것과 많이 다릅니다.

하지만 걱정하지 않으셔도 됩니다. 여러분이 홈스로서 사고하고 행동하면 코딩도 그리 어렵지 않게 자유자재로 활용할 수 있습니다. 코딩 스킬을 제대로 익히면 AI와의 협업을 통해 이전에는 상상하기 어려웠던 성과를 본격적으로 낼 수 있습니다.

12장

노코드 활용하기

코딩을 하지 않아도
앱을 만들 수 있다

◆ ◆ ◆

100명 규모의 한 스타트업에서 최고재무책임자CFO는 매달 법인
카드 사용 내역을 분석하고 회계 처리하는 절차가 복잡하고 임직원
의 시간을 상당히 잠식하는 점을 늘 안타깝게 생각했습니다. 임직원
들은 법인카드 사용 후 매달 개별 영수증 뒷면에 일일이 사용처를 펜
으로 적은 다음 A4 용지에 붙여서 제출해야 합니다. 회계팀의 법인카
드 담당 직원은 임직원이 제출한 영수증을 보면서 스프레드 시트에
사용처를 기입하고 사용 내역을 모니터링합니다. 한 사람당 20~30
장씩 되는 영수증을 일일이 눈으로 확인하면서 기입해야 하기에 여
간 귀찮은 일이 아닙니다.

어느 날 회계팀 소속의 한 담당자는 노코드 플랫폼으로 일선 업무
에 활용 가능한 앱을 만들 수 있다는 정보를 접하고 법인카드 영수증
매니저 앱을 만들기로 했습니다. IT 개발팀에 의뢰할 경우 우선순위

에서 밀리고, 또 개발에 필요한 솔루션 도입 등 복잡한 이슈를 야기할 가능성이 높다고 판단해 스스로 만들어보기로 한 것입니다.

이 담당자는 업무용 노코드 플랫폼 가운데 구글에서 제공하는 앱시트를 선택했습니다. 앱시트가 제공하는 노코드 도구를 기본으로 삼고, 이어 클로드와 제미나이의 AI 코딩을 활용하여 하루 만에 뚝딱 '법인카드 매니저' 앱을 완성했습니다.

법인카드 매니저 앱은 우선 스마트폰에서 영수증을 촬영하여 업로드하면 영수증에 들어간 정보를 자동으로 추출하여 구글 시트에 기록하는 기능을 갖추었습니다. 또 영수증마다 사용처를 기입할 수 있는 기능도 장착했습니다.

회계 담당 직원은 노코드 플랫폼으로 만든 법인카드 매니저 앱을 테스트한 후에 사내에 배포했습니다. 임직원들은 자신의 스마트폰에 앱을 깔고 나서 영수증 제출에 실제 사용하기 시작했습니다. 영수증 뒷면에 사용처를 적고 A4 용지에 풀로 붙이는 작업 대신 영수증을 받을 때마다 간단하게 스마트폰으로 촬영해 업로드한 다음 사용처 정보를 입력하는 것으로 제출 의무를 완료했습니다.

법인카드 회계 담당자는 영수증 정보가 저절로 업데이트되는 구글 시트를 관리하고 있다가 월말에 전체 데이터를 집계하는 것으로 카드 사용 내역 관리를 깔끔하게 마무리했습니다.

이처럼 비개발자인 회계 담당자가 IT를 활용해 회사 내 귀찮고 복잡한 업무를 깔끔하게 처리하는 앱을 DIY 방식으로 개발할 수 있게 된 것은 이른바 '노코드' 개발 플랫폼 덕분입니다.

노코드 개발이란?

노코드 플랫폼No-Code Platform은 프로그래밍 언어나 코딩 지식 없이도 누구나 소프트웨어, 웹, 모바일 앱 등을 개발할 수 있도록 지원하는 도구 또는 서비스를 뜻합니다. 사용자는 그래픽 사용자 인터페이스GUI와 드래그 앤드 드롭 방식의 구성 요소를 활용해 원하는 기능을 시각적으로 조합하거나, 매뉴얼에 따라 옵션을 선택하는 방식으로 앱을 만듭니다. 즉 프로그램 언어를 배우고 복잡한 코드를 작성하지 않아도 원하는 기능을 앱에 구현할 수 있는 개발 방식을 노코드 개발이라고 부릅니다.

노코드 개발 플랫폼은 생성형 AI 대중화 이전부터 기업 현장에서 크고 작은 문제를 해결하는 데 가성비가 좋은 수단으로 평가받았습니다. 또 인력이 적은 소규모 기업에서 적은 인력으로 생산성을 높일 수 있는 IT 수단으로 인기를 끌었습니다.

현업 담당자 입장에서 전사적 이슈가 아닌 특정 업무에 필요한 문제를 해결하는 데 코딩 요소를 삽입하려면 아주 많은 난관에 부딪힙니다. 우선 임원진에게 개발 필요성을 설득해서 IT 개발 자원을 확보해야 합니다. 더 어려운 과제는 IT 개발팀과의 소통입니다. 개발팀과 수시로 만나 원하는 기능을 일일이 설명해야 하고, 개발 중간에 프로그램을 사용해보면서 피드백을 잘 줘야 합니다. 만약 프로그램이 기획 의도와 다른 방향으로 가고 있으면 방향을 바로잡는 역할도 해야 합니다.

여기까지 어찌어찌 잘 진행되어도 진짜 어려운 문제는 개발 후 운영 과정에서 나타납니다. 사용하다 보면 크고 작은 에러가 발생하고 또 새로운 기능이 필요한 일이 생깁니다. 이때 IT 개발팀에 버그 수정과 추가 개발을 요청하는 것은 매우 어렵습니다. 전사적 개발 과제가 아닐 경우 우선순위에서 밀리기 때문입니다.

현업 담당자가 노코드 플랫폼을 활용할 경우 개발팀의 도움을 전혀 받지 않고 자신이 원하는 기능을 쉽게 구현할 수 있습니다. 나아가 사용하면서 수정 보완 작업도 개발팀에 의존하지 않고 진행할 수 있어 소통 비용을 크게 줄입니다.

노코드 플랫폼은 크게 두 유형으로 나뉩니다. 우선 구글 앱시트와 마이크로소프트의 파워앱스 등 데이터 지향 노코드 플랫폼은 회사 일선에서 가장 많이 사용하는 구글 시트 및 엑셀과 연동하여 회사 업무를 처리하는 앱을 개발하는 데 적합합니다.

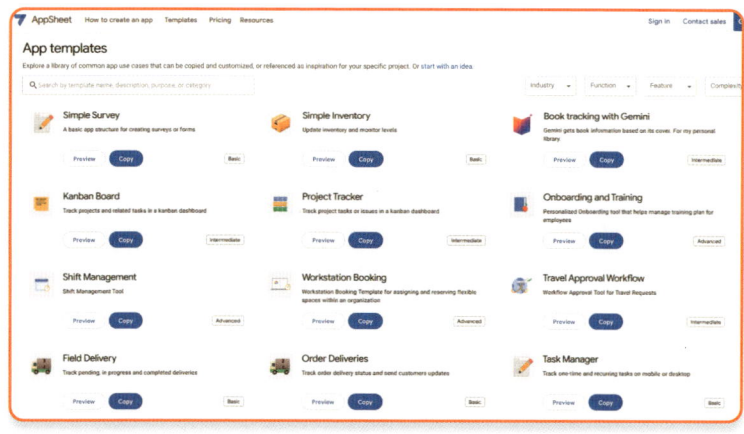

노코드 플랫폼 앱시트가 제공하는 각종 앱 템플릿

두 번째 유형은 메이크닷컴, 재피어, n8n 등 업무 흐름 자동화에 초점을 맞춘 노코드 플랫폼입니다. 오픈AI(에이전트 빌더), 구글(오팔) 등 AI 빅테크도 독자 노코드 자동화 플랫폼을 제공하면서 자동화 솔루션 경쟁에 뛰어들었습니다.

업무 자동화 노코드 플랫폼을 활용하면 모바일 및 웹 앱 개발, 내부 업무 시스템 구축, 데이터 수집 및 보고 자동화, 고객 상담 챗봇, 설문조사, 예약 시스템 등 다양한 업무에서 창의적인 솔루션을 찾을 수 있습니다.

업무 흐름 자동화 사례
: 블로그 포스팅 자동화

◆ ◆ ◆

여러분이 운영하는 인스타그램, 페이스북, 트위터 등에 매일 1개 이상 콘텐츠를 게시하려면 소재를 골라서 문장을 다듬고 각 소셜미디어 특성에 맞게 제목을 달아서 올려야 합니다. 매일 운영하려면 많은 정성을 쏟아야 하는 일입니다.

이런 작업을 자동화하려면 먼저 메이크닷컴, 재피어, n8n 등 여러 자동화 플랫폼 중 하나를 선택합니다. 메이크닷컴을 선택했다고 가정해봅시다. 이 플랫폼은 구글 스프레드 시트, 지메일, 슬랙, 챗지피티 등 다양한 애플리케이션을 쇼핑 목록처럼 제공하여 사용자가 원하는 모듈을 선택할 수 있게 합니다.

소셜미디어 포스팅을 자동화하는 데 필요한 요소는 뉴스 수집, 뉴스 정제, 뉴스 재가공, 소셜미디어 포스팅 등입니다. 메이크닷컴에서 뉴스 수집에 필요한 크롤링 모듈을 선택하고 네이버, 구글 등 뉴스를 제공하는 곳에서 뉴스 데이터를 가져오도록 세팅합니다.

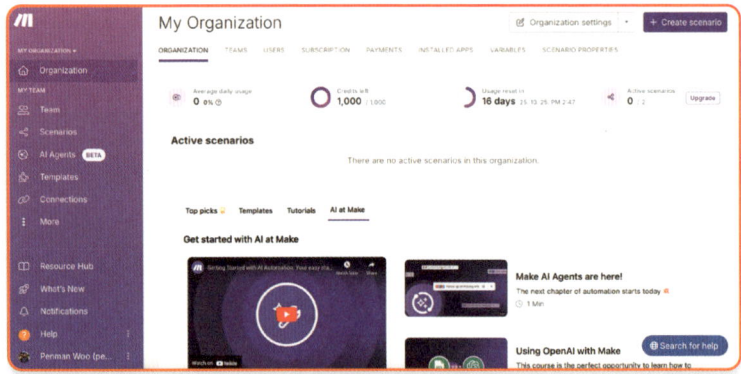

노코드 자동화 플랫폼 메이크닷컴의 첫 화면

　그다음 필요한 모듈은 정제한 데이터를 체계적으로 쌓는 구글 시트 모듈과 크롤링한 뉴스 데이터에 붙어 있는 제목, 광고 등 가공에 불필요한 데이터를 제거하는 데이터 정제 모듈입니다. 즉 뉴스 본문만 추출하여 구글 시트에 쌓는 프로세스를 만드는 것입니다.

　다음 단계는 뉴스 본문을 생성형 AI에게 제공하여 블로그나 소셜 미디어에 맞게 재가공하는 모듈을 붙이는 것입니다. 이때 생성형 AI가 제공하는 API를 이 모듈에 활용합니다. 마지막에 필요한 모듈은 링크드인, 트위터 등 소셜미디어에 로그인하지 않고 원격으로 글을 게시하는 모듈입니다.

이처럼 뉴스 수집-저장-정제-재가공-포스팅을 하나의 흐름으로 연결한 뒤에 작동하는 주기를 설정해주면 사용자가 전혀 손을 대지 않아도 자동으로 이 프로세스가 돌아갑니다.

업무 흐름 자동화는 혼자서 여러 가지 일을 처리해야 하는 1인 기업가에게 아주 유용합니다. 또 많은 사람을 고용하지 못하는 중소 규모 기업에서 활용하기도 좋습니다. 노코드 플랫폼을 이용해 업무 흐름을 잘 세팅해두면 귀찮고 반복되는 일을 아주 효과적으로 처리할 수 있기 때문입니다.

노코드 플랫폼과 AI 융합

노코드 플랫폼은 장점이 많지만 단점도 꽤 많습니다. 사용자의 가장 큰 불만은 노코드라는 말처럼 정말 코드를 몰라도 원하는 기능을 쉽게 구현하기란 불가능에 가깝다는 점입니다. 코드를 직접 짜지 않고도 매뉴얼대로 이리저리 모듈을 연결하면 원하는 기능을 구현할 수 있다는 말을 액면 그대로 믿으면 크게 실망하기 마련입니다.

앱시트의 경우 구글 시트를 잘 다뤄야 하고 또 앱시트에서 제공하는 함수에 대한 지식이 있어야 원하는 기능을 구현할 수 있습니다. 매뉴얼이 복잡하고 앱시트 함수 종류도 많아서 초보자가 직관적으로 원하는 기능을 구현하는 것은 매우 어렵습니다.

노코드 자동화 플랫폼으로 원하는 업무 자동화 프로세스를 뚝딱 만드는 것 역시 아주 어렵습니다. 예를 들어 뉴스를 크롤링해서 구글 시트에 원하는 텍스트를 저장하는 자동화 프로세스를 만들 경우, 한두 번의 클릭으로 그런 기능을 만들 수는 없습니다. 뉴스 사이트마다 크롤링에 대한 정책이 다르고 또 뉴스 콘텐츠 웹 형식이 달라서 원하는 기능이 작동되지 않는 상황을 만날 수밖에 없습니다. 이런 문제를 해결하려면 웹 서비스 구조에 대한 지식을 활용해야 합니다. 플랫폼에서 제공하는 도움말만으로 사용자가 문제를 해결하기란 여간 어려운 일이 아닙니다.

그런데 생성형 AI의 대중화로 노코드 플랫폼이 AI 기능을 적극적으로 수용하면서 이런 단점은 크게 해소되었습니다. 구글 앱시트의 경우 비개발자가 원하는 앱을 만들 때 맨 처음 부딪히는 장벽은 데이터 구조를 짜는 일입니다. 특히 다소 복잡한 데이터를 다루기 위해서는 데이터베이스에 대한 기초 지식을 활용해야 합니다. 이에 구글 앱시트는 원하는 기능을 제미나이 프롬프트에 입력하면 데이터 구조를 바로 짜주는 AI 서비스를 결합시켰습니다. 생성형 AI가 노코드의 가장 높은 장벽을 크게 낮춰준 것입니다.

업무 자동화에 필요한 노코드 플랫폼도 업무 자동화 시나리오를 구성하는 것이 중요합니다. 메이크닷컴은 AI 프롬프트를 수용해 사용자가 자연어로 원하는 업무 자동화를 설명하면 필요한 모듈을 자동으로 붙여주는 서비스를 제공합니다.

자동화 노코드 플랫폼은 또 AI 모듈을 핵심 모듈로 수용하여, 업무 흐름 자동화에서 필요한 데이터 분류, 데이터 요약, 감성 분석 등 핵심 업무의 효율성을 크게 높였습니다. AI가 업무 흐름 자동화 수준을 획기적으로 높여준 것입니다.

궁극적으로 노코드 플랫폼은 AI 에이전트 플랫폼으로 진화하고 있습니다. 이는 AI 모델이 단순히 도구로 활용되는 것을 넘어, 마치 비서처럼 사용자의 의도를 정확하게 파악하고 여러 도구와 서비스를 연결하여 필요한 과제를 자율적으로 처리하는 단계로 나아가는 것을 의미합니다.

AI 빅테크의
AI 에이전트 노코드 플랫폼

◆ ◆ ◆

오픈AI는 2025년 10월 누구나 AI 에이전트를 개발할 수 있는 키트인 에이전트 빌더Agent Builder를 공개했습니다.

에이전트 빌더는 노드를 연결하여 에이전트를 구성하는 방식을 채택함으로써, 코드 작성 없이 AI 에이전트를 쉽게 만들 수 있는 노코드 플랫폼을 선보였습니다. 이에 따라 누구나 쉽게 자신과 일터에 필요한 AI 에이전트를 만들 수 있는 길이 열렸습니다.

AI 에이전트는 앞서 소개한 대로 LLM을 중심으로 작업에 필요한 도구를 연결해 워크플로우를 구성하여 연속 작업을 통해 원하는 목표를 달성하는 것입니다. 이런 점에서 챗지피티의 '에이전트 모드'와 차별화됩니다. 에이전트 모드는 챗지피티의 대화창에 원하는 작업을 자연어로 프롬프팅하면 작업 내용을 분석해 필요한 도구를 연결해

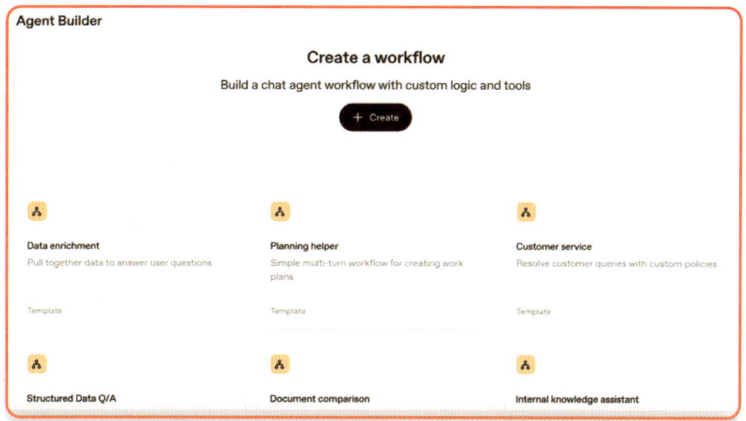

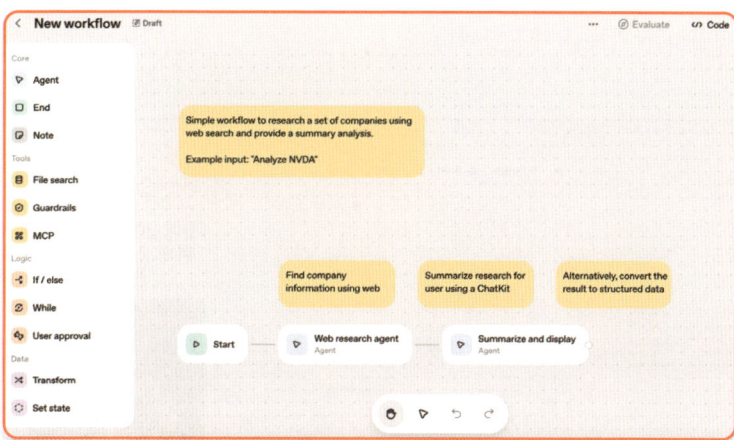

에이전트를 쉽게 만들어주는 플랫폼 '에이전트 빌더'

작업하는 방식으로 진행됩니다. 반면 에이전트 빌더는 빈 캔버스와 같아서 자신이 원하는 에이전트를 코딩 없이 개발할 수 있는 노코드 개발 플랫폼입니다.

오픈AI는 에이전트 빌더에 복잡한 역할을 수행하는 에이전트 구성에 필요한 개별 에이전트, 함수, MCP 도구, 위젯 등 각종 컴포넌트를 제공하여 사용자들이 필요한 것을 꺼내서 사용할 수 있도록 했습니다.

구글은 오픈AI에 앞서 25년 7월 오팔opal.withgoogle.com이라는 노코드 앱 플랫폼을 선보였습니다. 오팔도 오픈AI의 에이전트 빌더처럼 드래그 앤드 드롭 방식으로 코딩 없이 모듈을 연결해 원하는 작업을 세팅하는 기능을 제공합니다.

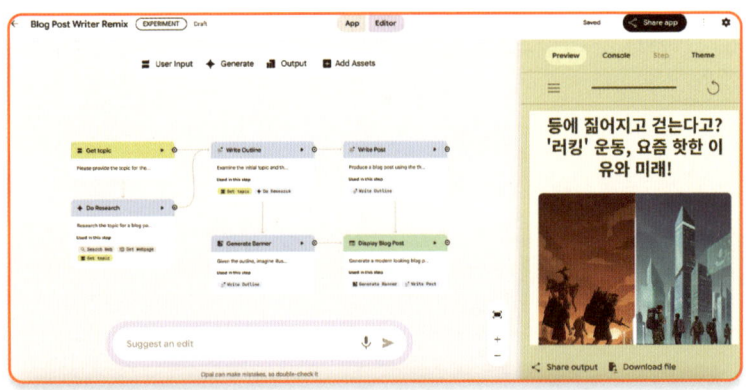

구글의 오팔 플랫폼에서 블로그 포스팅용 콘텐츠를 제작한 모습

오팔에서 블로그에 올릴 글과 주제를 표현한 이미지를 만드는 앱을 만들어봤습니다. 템플릿 중에서 블로그 포스트를 선택합니다. 이

어 'Start' 버튼을 클릭하여 대화창에 "미국에서 유행하는 러킹rucking 이라는 운동을 소개하는 글을 써줘"라고 프롬프팅합니다. 그러면 'Do research' 노드는 러킹 관련 자료를 인터넷에서 찾아서 'Write Outline' 노드에 넘기고, 이어 'Write Post' 노드는 글을 작성하고, 'Generate Banner' 노드는 글을 표현해주는 이미지를 생성합니다. 이어 'Display Blog Post' 노드는 이것들을 웹 콘텐츠로 보여줍니다.

오픈AI와 구글이 노코드 에이전트 빌더 시장에 본격적으로 뛰어들면서 기존 노코드 자동화 플랫폼 시장이 크게 요동을 칠 것으로 예상됩니다.

13장

바이브 코딩 시대

생성형 AI,
바이브 코딩 시대 열다

◆ ◆ ◆

생성형 AI는 대중화 초기에 사용자가 어떤 요청을 하더라도 텍스트 콘텐츠를 술술 만들어내는 능력으로 세상을 놀라게 했습니다. 이어 이미지, 동영상을 척척 생성해주는 기능을 추가해 또 한 번 세상을 뒤집어놓았습니다.

개발자의 전유물이었던 프로그램 언어와 대규모 코드 자료를 학습하고 나서는 사용자의 요청에 코드를 즉각 짜주는 코딩 생성 능력도 갖췄습니다. 마이크로소프트가 오픈AI의 GPT 모델로 깃허브에 축적된 코드 데이터를 학습하여 탄생시킨 코파일럿이 등장하자, 전 세계 개발자 커뮤니티는 경악을 금치 못했죠. 프롬프트에 원하는 프로그램 개요를 자연어로 설명하면 AI가 순식간에 코드를 쏟아냈던 것입니다. 마치 개발자를 옆에 두고 실시간으로 대화하면서 코드를 짜듯이 사용자가 코드 결과를 보면서 수정이나 추가 개발을 요청하면 AI가 바로 반응합니다. 코파일럿에 이어 클로드, 제미나이, 그록 등의 생성형 AI도 속속 자연어에 의한 코딩 기능을 선보이면서 AI의 코딩은 대중화되었습니다.

생성형 AI가 코드 생성 능력을 갖춘 것은 LLM의 특성에 따른 자연스러운 행보입니다. 아시다시피 언어모델은 다음 단어를 정확히 예측하는 데 특화되어 개발되었습니다. 코딩에 필요한 프로그램의 기본 특성은 언어이면서 사람이 사용하는 자연어보다 문법에 더욱 엄격합니다. LLM은 먼저 디지털로 된 지구상의 언어 데이터를 학습했고, 이어 수십억 줄에 달하는 공개 소스 코드와 관련 문서, 개발자들의 질의응답 데이터 등을 학습했습니다. 이 과정에서 LLM은 특정 프로그래밍 언어의 문법, 디자인 패턴, 알고리즘, 라이브러리 및 프레임워크 사용법 등 코드의 '맥락'과 '의도'를 이해할 수 있는 능력을 갖추었습니다.

따라서 LLM에 기반을 둔 생성형 AI 서비스는 모두 코딩 생성 서비스를 제공해 누구나 이용할 수 있습니다. 이렇게 얻은 결과물은 앱 개발, 데이터 수집, 데이터 분석, 데이터 시각화 등 코드가 필요한 여러 과제에 바로 사용할 수 있죠.

이런 흐름 속에서 AI를 장착한 통합 개발 플랫폼IDE이 속속 등장해 프로그램 개발을 블랙홀처럼 빨아들이기 시작했습니다. IDE Intergrated development environment는 개발에 필요한 다양한 요소를 한곳에서 관리하면서 코드를 짤 수 있는 도구로, 비주얼 스튜디오 코드Visual Studio Code가 대표적인 IDE입니다.

AI 기반 통합 개발 플랫폼인 '커서' 화면

커서, 윈드서프 등 AI 기반 IDE는 전문 개발자에게 필요한 개발 환경을 그대로 제공하면서 프롬프트를 통한 자연어 코딩 기능을 새로 장착하는 형태로 등장했습니다. 개발에 최적화된 플랫폼이 AI라는 날개를 단 셈입니다.

한편 클로드와 구글은 IDE 대신 터미널에서 바이브 코딩을 할 수 있는 CLI(Command-line Interface) 형식의 코딩 플랫폼을 선보였습니다. CLI 계열 바이브 코딩은 프로그래밍 기초가 없는 사람이 사용하기가 어려워 비기술직보다 기존 전문 개발자 그룹에게 적합합니다.

이런 개발 전문 플랫폼이 생성형 AI와 융합하면서 전문 개발 문턱이 확 낮아지고 코딩 생산성이 높아지자 '바이브 코딩'이라는 말이 유행하기 시작했습니다. 바이브 코딩Vibe Coding이란 말 그대로 코딩하려는 사람의 느낌vibe을 자연어로 표현하면 AI가 코딩해주는 것을 의미합니다. 이는 기술 자체의 명칭이라기보다는 자연어와 기계 언어가 융합되는 시대에서 LLM을 활용하여 코딩하는 새로운 방법론에 가깝습니다.

바이브 코딩 시대가 열리자 초급 및 중급 개발자의 일자리가 위협받기 시작했습니다. 생성형 AI 등장 이전까지는 쉬운 코딩이라도 긴 시간이 필요했기에 초중급 개발자의 역할이 반드시 필요했습니다.

하지만 단순하고 반복적인 코딩을 AI가 대체하면서 초중급 개발자의 자리가 없어지기 시작했습니다. 실제 개발 구조를 설계하거나 AI가 만든 코딩을 감별하고 수정할 수 있는 고급 개발자 외에 낮은 단계의 개발자를 정리하는 흐름이 산업계에서 일어나고 있습니다.

대표 바이브 코딩 플랫폼 및 도구

플랫폼/도구	특징 및 활용법
깃허브 코파일럿	자연어 주석이나 함수 설명만으로 코드 자동 완성 및 생성. 반복 작업, 표준 알고리즘 구현에 강점
커서	VS Code 기반 AI 코드 편집기. 자연어로 기능 설명 시 코드 자동 생성, 리팩토링, 오류 수정 지원
리플릿	웹 기반 AI 코딩 플랫폼. 실시간 코드 생성, 배포, 협업 가능
챗지피티 Codex CLI	대화형 AI로 코드 생성, 설명, 디버깅 등 다양한 프로그래밍 지원
윈드서프 AI	자동 코드 완성, 실행 기능 제공. 자연어로 명령 시 코드 생성
클로드 Code	개발의 전 과정을 돕는 'AI 개발 파트너'를 지향
제미나이 CLI	제미나이 모델로 커맨드라인 인터페이스 형태로 코딩 생성 제공

바이브 코딩은 노코드 플랫폼이 지닌 한계를 넘어 원하는 프로그램을 개발자 없이 만들 수 있는 길을 열어주었습니다. 물론 비개발자 또는 비기술직 직장인이 혼자서 대규모 상업용 앱을 개발하거나 전사적 시스템을 개발하는 것은 사실상 불가능합니다. 그런 수준의 개발은 단순한 코딩만으로 구현되는 것이 아니기 때문입니다. 그럼에도 바이브 코딩이 여러 직장인들에게 기회의 문이 되어준다는 사실은 확실합니다. 현업 직장인 입장에서 바이브 코딩을 실용적으로 활용할 수 있는 방안을 소개하겠습니다.

바이브 코딩
활용법

◆ ◆ ◆

바이브 코딩을 활용한 DIY 앱 개발

현업에서 IT 부서에 지원 요청을 할 때가 많습니다. 회사에서 기획한 신제품 출시 이벤트를 위해 이벤트 페이지가 필요하면 마케팅 부서는 그 제작을 내부 IT 부서에 의뢰하거나 외주 업체에게 맡기곤 했습니다. 이런 업무 진행에서 가장 힘든 점은 기획 및 개발 과정에 소요되는 소통입니다. 기획에서부터 최종 웹페이지 탄생까지 현업 부서와 개발 부서 사이에 숱한 문서가 오가고, 관련 회의를 수시로 열어야 합니다. 앞서 언급했듯이 또 다른 난제는 내용을 급히 수정하거나 보완해야 할 경우입니다. 실무자는 실시간으로 수정하고 싶은데, 개발 부서와 외부 업체는 시간이 필요하다고 할 것입니다.

바이브 코딩을 활용하여 현업에서 필요한 웹페이지 또는 앱을 직접 개발하고 유지 보수하면 소통 비용을 크게 낮출 수 있고, 효율성과 생산성은 향상됩니다.

비기술자가 앱을 개발할 경우 디자인 면에서 세련되지 못할 가능성이 높습니다. 그런데 AI 생태계가 발전하면서 AI 개발 플랫폼에 피그마와 같은 전문 디자인 도구를 붙여서 세련된 디자인도 구현할 수 있는 길이 열렸습니다.

몇 가지 예제를 확보해서 바이브 코딩을 직접 해보면 코딩 장벽이 확 낮아진 점을 금방 느낄 수 있습니다. AI 도구상자를 이용해 현업에서 필요한 다양한 디지털 솔루션을 직접 만들어 문제를 해결하는 재미를 만끽하시기 바랍니다.

아이디어 검증, 기술직과의 소통 매개체

시장 환경이 급변하면서 수요자의 요구에 맞춰 빠르게 제품을 출시해야 하는 상황을 자주 맞이합니다. 이런 상황에서 현업 담당자는 바이브 코딩으로 아이디어 검증용 개발PoC을 신속하게 진행할 수 있습니다. PoC를 조금 더 진전시켜 MVP(Minimum Viable Product) 수준까지 개발하려면, PoC 수준의 코딩을 가지고 회사 내 개발 부서와 협업해 개발 효율성을 크게 높일 수 있습니다. 현업 담당자가 A부터 Z까지 원하는 프로그램의 실물을 놓고 설명할 수 있는 길이 열린 것입니다.

아이디어 검증에 바이브 코딩을 활용한 금융권 사례를 소개하겠습니다. 금융권에서는 여신 심사를 할 때 자본금, 매출, 영업이익, 부채비율 등 재무적 데이터를 분석하여 대출 승인 여부를 판단합니다. 여신 심사 담당은 이런 수치 데이터 외에 경영진의 평판을 비롯해 소비자, 파트너 평판 등 비재무적 자료 분석을 통해 재무적 분석이 미처 보지 못한 면을 파악하고 싶어 합니다. 하지만 비재무적 데이터를 쉽게 수집해서 분석할 수 있는 방법이 마땅치 않습니다.

여신 담당자는 생성형 AI 활용법을 익히면서 AI가 평판 정보를 담은 뉴스와 댓글에 대해 긍정/부정/중립 등 감성 분석을 할 수 있다는 점을 알아냈습니다. 이 점에 착안하여 여신 심사 대상 기업의 온라인 평판을 AI를 통해 쉽게 조사해주는 앱을 만드는 아이디어를 떠올렸습니다.

이 담당자는 사내 개발 부서에 개발을 정식으로 요청하기 전에 바이브 코딩을 활용해 PoC를 만들기로 했습니다. 비재무 데이터를 바탕으로 평판 조사를 하고 싶은 기업 이름을 입력하면, 관련 뉴스와 댓글을 수집하여 감성 분석을 하는 방식으로 구성했습니다.

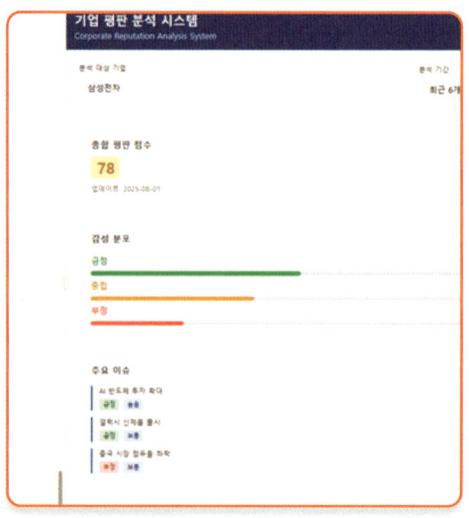

클로드의 바이브 코딩을 활용해 기업 평판 분석 시스템 아이디어를 구현한 모습

담당자는 클로드와 커서를 이용해 자신의 아이디어를 입증하는 앱을 만들어 사내에 공유했습니다. 이어 여러 의견을 청취한 뒤 정식으로 결재 라인을 통해 개발 승인을 얻어 기업 평판 분석 시스템 개발 프로젝트를 시작했습니다.

이처럼 현업 담당자가 자신의 업무 전문성을 바탕으로 아이디어를 구현한 프로토타입을 직접 만들거나, 문제 해결에 필요한 시스템을 개발하는 데 필요한 기초 설계도를 만들 능력을 갖추면 직장 내 분업 구조가 크게 바뀔 것입니다. 상황에 따라 기획부터 실행, 모니터링까지 모든 업무를 한 명의 담당자가 처리하는 '풀스택 워커Full Stack Worker' 시대가 도래할 것이며, 이는 조직 구조의 변화로 이어질 것입니다.

물론 바이브 코딩의 한계도 인식해야 합니다. 바이브 코딩으로 만드는 것들은 현재까지는 '토이 프로젝트' 수준에 불과하다는 언급도 있습니다. 진짜 정교하고 깊이 있는 개발은 여전히 전문 개발자의 영역으로 간주됩니다.

여러 모델 교차 사용하기

여러 개의 AI 서비스를 이용하다 보면 각 모델의 성격과 강점이 뚜렷이 다름을 알게 됩니다. 예를 들어 챗지피티는 선두 주자답게 텍스트 생성과 요약에 강하고, 제미나이는 설명과 구조화가 뛰어나고, 클로드와 그록은 코딩에서 비교 우위에 있다고 느낍니다.

AI를 본격적으로 활용하기 위해서는 1개 서비스를 사용하는 것보다 복수의 서비스를 혼합해서 사용하는 것이 좋습니다. 물론 3~4개 서비스를 유료로 사용하는 것은 부담이 꽤 클 것입니다. 그러나 각 AI 서비스의 성격과 강점이 다르기에 직장에서 필요한 중요 과제를 수행하기 위해서는 몇 가지 서비스를 같이 사용할 것을 추천합니다. 특히 바이브 코딩 작업을 할 때는 여러 모델을 교차해서 사용할 수밖에 없습니다.

여러 AI 모델의 장단점을 비교하기 위해서는 AI 벤치마크 정보를

활용합니다. 허깅페이스Hugging Face 리더보드는 오픈소스 LLM, 챗봇
등 최신 언어모델 성능 비교 정보를 제공합니다. 특히 오픈소스 모델
들의 종합 성능 순위나 실제 사용자 선호도가 궁금할 경우에 활용합
니다.

스탠포드 HELMStanford HELM은 정확도, 공정성, 편향 등 총체적이
며 다각도로 언어모델을 평가하고 있습니다. 모델의 단순 성능을 넘
어 신뢰성, 안전성, 윤리적 측면까지 종합적으로 고려해야 할 경우에
이용합니다.

이런 정보는 굉장히 기술적이기에 실제 사용자가 활용하기는 쉽
지 않습니다. 따라서 AI 전문가들의 평판 정보와 자신의 사용 감각을
활용해 모델의 장단점을 파악하는 것이 현실적입니다.

실제 AI 얼리어댑터들은 대부분 여러 AI 모델을 교차로 사용하면
서 각 모델의 장점을 극대화하고 또 상호 비교를 통해 오류를 걸러내
는 노하우를 잘 활용합니다. 예를 들어 자료 조사를 할 때는 퍼플렉
시티를 출발점으로 삼습니다. 퍼플렉시티가 기본적으로 검색 기반이
기에 할루시네이션이 적고 또 원자료 링크 정보를 제공하는 장점을
활용하려는 것입니다. 퍼플렉시티에서 기초 자료를 확보한 다음에는

이 자료를 바탕으로 챗지피티나 제미나이의 딥 리서치용 프롬프트를 짭니다. 백지 상태에서 딥 리서치용 프롬프트를 짜는 것보다, 1차 정보에서 추출한 정보를 바탕으로 프롬프트를 짜는 것이 훨씬 더 효과적이기 때문입니다.

바이브 코딩을 할 때도 교차 사용을 적극 활용해야 합니다. 특정 모델에서만 코딩을 할 경우 같은 오류를 무한 반복하는 경우가 허다합니다. 이때 다른 모델에 오류 코드를 넣고 분석해달라고 하면 의외로 신선한 방법으로 문제를 풀어줍니다.

필자의 경우 'AI 튜터 자동 채점 시스템'을 구글 제미나이로 코딩했는데, 마지막 단계에서 같은 오류를 반복하기에 오류 코드를 그록에 복사해서 넣고 문제를 해결했습니다. 이어 제미나이에 그록이 해결한 코드를 입력해 서로 비교해달라고 함으로써 제미나이가 포착하지 못한 포인트가 무엇인지를 확인했습니다. AI의 이런 측면은 사람의 사고와 비슷한 듯합니다. 인간의 세계에서도 자기 문제는 아무리 골똘하게 생각해도 잘 풀지 못하는데, 옆에서 관찰한 사람이 던진 한마디에 문제 해결법이 들어 있는 경우가 많습니다.

특정 모델을 사용하면서 문제가 해결되지 않을 때 그 모델을 붙들

고 있을 것이 아니라, 재빨리 다른 모델에 도움을 요청할 것을 추천
합니다.

14장

비정형 데이터 수집 및 정제하기

AI 활용의 열쇠는
데이터, 데이터, 데이터

◆ ◆ ◆

여러분의 업무를 해킹하고 문제를 포착해 그 문제를 해결하려면 무엇이 필요할까요? 많은 사람들에게 취미로 인기가 높은 목공에 비유하면 AI를 활용한 문제 해결에 필요한 요소를 쉽게 알 수 있습니다.

목공을 하려면 우선 목공 전문가로부터 기초 개념과 공구 다루는 기술을 배워야 합니다. 프롬프트 엔지니어링 스킬은 목공 기술에 해당합니다. 이어 혼자서 원하는 가구를 만들려면 목공 도구와 목공 재료를 확보해야 합니다. 또 어떤 가구를 만들 것인가를 정하고 디자인해야 합니다. 목공 아이템은 여러분이 해결하고 싶은 문제에 해당합니다.

AI를 활용한 문제 해결을 시도할 때 가장 먼저 부딪히는 어려움은 재료, 즉 데이터를 확보하는 것입니다. 목공에서 기술, 도구, 아이템을 세팅했는데 정작 필요한 나무, 못 등 재료를 구하지 못하면 아무런 작업을 할 수 없습니다.

AI로 해결하고 싶은 문제를 정했다면 가장 먼저 각종 사내외 데이터가 어디에 있고 어떻게 확보할 것인지 알아봐야 합니다. 사내외 데이터 중에서 외부에서 구할 수 있는 공개 데이터 현황부터 살펴보겠습니다.

직장인에게 유용한 공개 데이터는 크게 정형 데이터와 비정형 데이터로 구분됩니다. 정형 데이터는 데이터베이스 구조에 담긴 데이터로서, 데이터를 분석하기 위해 필요한 데이터 정제가 비교적 수월합니다. 공공데이터포털(data.go.kr)을 통해 정부와 공공기관이 공개한 각종 데이터를 다운로드해서 사용할 수 있습니다. 공공데이터는 데이터베이스 구조로 짜여 있어 AI가 분석하는 데 큰 장애가 없습니다.

반면 뉴스, 댓글, 게시판, 소셜미디어 글, 전자공시 등 비정형 데이터는 체계적인 데이터베이스 구조에 담겨 있지 않아 데이터를 수집하면서 반드시 정제 작업을 해야 합니다. 그럼에도 비정형 데이터는 직장인에게 데이터의 보물 창고와 같습니다. 고객의 숨은 욕구나 시장 트렌드를 읽는 데 쓸모가 아주 많기 때문이죠. 또 비정형 데이터를 통해 정보의 맥을 잘 읽으면 남보다 크게 앞서갈 수도 있습니다.

비정형 데이터 중에서 뉴스와 금감원의 전자공시는 활용도가 아주 높은 데이터입니다. 이 중 뉴스는 언론사가 생산한 뉴스 콘텐츠, 정부나 기업이 제공하는 보도자료 형태를 띱니다. 뉴스 콘텐츠의 경우 언론사가 취재기자를 통해 가공한 콘텐츠로서 저작권 보호를 받습니다. 이에 비해 보도자료는 정부와 기업이 재사용을 전제로 배포한 콘텐츠로서 저작권에서 자유롭습니다.

보도자료 수집에서
기사화 및 출고까지
자동화 사례

◆ ◆ ◆

　11장에서 필자가 문제 해결 아이템으로 정한 '보도자료를 수집하여 뉴스 사이트에 게재하는 업무 자동화'를 해결한 사례를 소개하겠습니다. 이 과제의 경우 노코드 자동화 플랫폼인 메이크닷컴을 기본으로 삼아 관련 솔루션을 결합하여 수행했습니다.

　보도자료 수집 대상은 삼성전자 뉴스룸을 선택하였습니다. 삼성전자는 삼성닷컴 웹사이트에 보도자료 코너를 두고 신제품, 사회공헌 등 삼성전자의 다양한 활동을 담은 보도자료와 관련 사진을 배포하고 있습니다. 삼성전자 뉴스룸에 올라오는 보도자료를 가져와서 언론사 기사 스타일로 가공하여 IT 뉴스 사이트에 게재하는 프로세스를 자동화하는 업무 플로우 구축을 목표로 삼았습니다.

제가 구상한 자동화를 만들기 위해 먼저 메이크닷컴에서 필요한 업무 플로우 시나리오를 짜야 합니다.

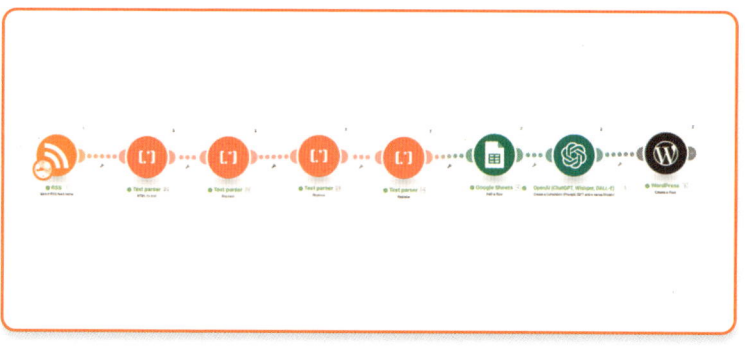

메이크닷컴에서 삼성전자 뉴스룸 RSS를 이용해 보도자료를 가져와서 기사체로 만들어 워드프레스 사이트에 자동으로 올리는 워크플로우

메이크닷컴은 AI 프롬프트를 이용해 시나리오 짜는 것을 도와줍니다. AI는 업무 플로우를 삼성전자 뉴스룸의 RSS를 가져오는 모듈, 뉴스 콘텐츠에 붙어 있는 불필요한 HTML 태그 등을 제거하여 텍스트 콘텐츠만 구글 시트에 저장하는 모듈, 구글 시트에 저장된 텍스트 콘텐츠를 뉴스 기사체로 가공하는 모듈, 이 기사체를 워드프레스로 운영하는 뉴스 사이트에 자동 게재하는 모듈로 구성했습니다.

자동화 업무 플로우를 만드는 과정에서 가장 까다로운 작업은 보도자료를 RSS 형태로 가져와서 불필요한 태그 등을 제거하는 데이터

준비물 및 개발 프로세스			
구분	항목	내용	비고
데이터 소스	삼성전자 사이트 뉴스룸	RSS 정보 복사	
데이터 기록 및 저장	구글 시트 생성	구글 시트 헤더 칼럼 정하기, 구글 시트 ID값 복사, 시트명 짓기	구글 시트가 DB 역할
	구글 시트 API	구글 클라우드에 접속 (cloud.google.com)	메뉴 중 API 및 서비스 선택 → 라이브러리에서 '구글 시트' 검색 → 사용 선택
	구글 시트 접근 인증	상동	메뉴 중 IM 및 관리자 선택 → 서비스 계정 → 서비스 계정 만들기 → json 파일 다운로드 받기 → OAuth 인증 파일 생성
자동화 플랫폼	메이크닷컴	회원가입 및 로그인, 시나리오 구성	
기사 콘텐츠 생성	오픈AI API	AI가 보도자료를 언론사 기사 스타일로 재작성	
기사 사이트 업로드	워드프레스 사이트 커넥션 플러그인	워드프레스 사이트에 기사 콘텐츠를 포스팅할 카테고리 지정	지정한 시각에 사이트에 포스팅을 반복해서 실행
프롬프트	원하는 자동화 작업 시나리오 개요를 입력		

정제 과정입니다. 저는 크게 4개의 정제 모듈을 사용하여 단계적으로 데이터를 정제하였습니다.

보도자료 수집에서 기사 작성 및 게재 업무 플로우를 자동화함으로써 업무 효율성을 크게 높일 수 있었습니다. 이 업무 플로우는 매일 9시에 가동하도록 설정하였습니다.

"꿈의 격차를 줄이는 3박 4일" 2025 삼성드림클래스 여름캠프

[2025-08-01]

삼성은 7월 29일(화)부터 8월 1일(금)까지 성균관대학교 자연과학캠퍼스(수원시 장안구 소재)와 전남대학교에서 '2025년 드림클래스 여름캠프'를 개최했다. 이번 드림클래스 캠프는 청소년 진로·진학 프로그램을 넘어 세대를 아우르는 특별한 만남의 장이 열렸다. '드리머스'들이 찾아왔기 때문이다.

노코드 자동화 플랫폼을 활용해 보도자료를 기사체로 만들어
웹사이트에 자동 포스팅한 모습

삼성전자 웹사이트를 방문하지 않아도 자동화 에이전트가 매일 삼성전자 뉴스룸 사이트를 찾아서 뉴스를 작성해 사이트에 포스팅했습니다.

전자공시사이트(DART) 데이터 수집하기

전자공시시스템(DART : 이하 다트)은 투자가, 저널리스트, 주주 등 기업 정보에 예민한 사람들에게 정보의 보고입니다. 다트는 모든 상장법인이 사업보고서, 주주 변경 등 각종 공시 서류를 인터넷으로 제출하고, 투자자 등 이용자가 제출 즉시 조회할 수 있도록 하는 종합적인 기업 공시 시스템이기 때문입니다.

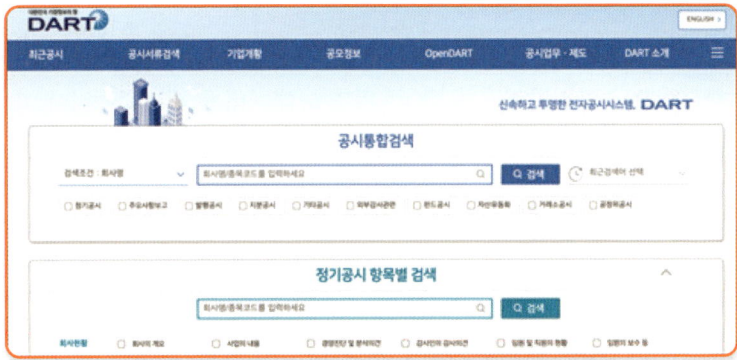

상장 기업 데이터의 보고인 금감원의 전자공시사이트 다트

다트를 잘 활용하면 저평가된 회사를 발굴해 투자 결정을 할 수 있고, 또 부실 기업의 위험 징후를 조기에 포착해 리스크를 회피할 수도 있습니다. 저널리스트는 다트 정보를 통해 기업의 인수합병 과정을 정밀하게 분석해 고급 탐사보도 기사를 작성할 수 있습니다.

다트 사이트에 접속해 원하는 기업명 또는 종목 코드를 입력하면 분기 보고서, 사업보고서, 감사보고서, 공시 등 각종 기업 활동 자료를 얻을 수 있습니다. 개별 기업 데이터를 얻고 싶을 때 이런 방식은 편합니다. 하지만 여러 기업 데이터를 비교 분석하고 싶으면 PDF 형태 자료를 다운로드해서 필요한 데이터를 스프레드 시트 등 별도의 애플리케이션에 DB 형태로 옮겨야 합니다. 이런 수작업을 하려면 많은 시간을 소모해야 합니다.

금융감독원은 공시 데이터 수요를 고려해 API 형태로 공시 데이터를 누구든 가져가서 사용할 수 있도록 데이터를 개방했습니다. 따라서 API와 파이선을 활용해 공시 데이터를 가져와서 필요한 기업 분석을 하는 기법이 아주 요긴하게 사용되고 있습니다.

공시 데이터 수집 및 정제 실습용으로 삼성전자와 SK하이닉스 사업보고서를 바탕으로 연도별 매출액, 영업이익, 당기순이익 데이터를 추출하여 구글 시트에 기록하는 프로젝트를 소개하겠습니다.

준비물 및 프로세스

구분	항목	내용	비고
데이터 소스	다트	API 신청	원하는 기업 종목 코드 검색
데이터 기록 및 저장	구글 시트 생성	구글 시트 헤더 칼럼 정하기, 시트 ID값 복사, 시트명 짓기	구글 시트가 DB 역할
	구글 시트 API	구글 클라우드에 접속 (cloud.google.com)	메뉴 중 API 및 서비스 선택 →라이브러리에서 '구글 시트' 검색 → 사용 선택
	구글 시트 접근 인증	상동	메뉴 중 IM 및 관리자 선택→ 서비스 계정→ 서비스 계정 만들기→json 파일 다운로드 받기→ OAuth 인증 파일 생성
개발 플랫폼	커서 AI 다운로드하여 PC에 설치	프로젝트용 폴더 만들기 예 : crawl_dart	커서 사용법은 별도로 학습해야 함

구분	항목	내용	비고
프롬프트	챗지피티 등 종합형 AI에서 원하는 개발 개요를 프롬프팅	개발 전체 기획서 생성	
바이브 코딩	커서에 개발 기획안을 입력	바이브 코딩을 진행	오류 메시지가 계속 반복해서 발생
교차 검증	클로드/제미나이/ 그록 등 다른 AI에서 교차 검증	오류 메시지가 뜬 코드를 복사해서 프롬프팅하고 오류를 찾아달라고 요청	

프롬프트

무엇을 도와드릴까요?

금융감독원의 다트에서 오픈API를 이용해 기업 공시 정보를 가져와서 구글시트에 기록하고 싶습니다. 공시 정보 중 사업보고서에서 연도/기업명/매출액/영업이익/당기순이익 데이터를 추출해 구글 시트에 기록해주세요. 데이터 추출 기간은 2019년부터 현재까지로 해주세요.

+ 🖼 에이전트 × 🌐 소스   🎤 ↑

다트 자료를 크롤링하는 프로젝트를 수행하면서 많은 고비가 있었습니다. 첫 번째 고비는 커서가 만들어준 코드로 추출한 데이터를 검정하는 과정에서 AI가 임의로 데이터를 뽑은 사실을 확인했을 때

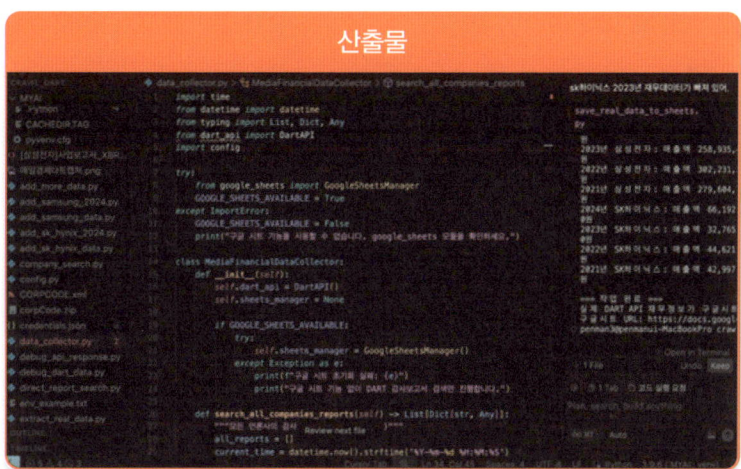

산출물

커서를 사용해 다트에서 삼성전자와 SK하이닉스 매출액 등
재무 데이터를 가져오는 바이브 코딩을 하는 모습

구분	회사명	매출액	영업이익	당기순이익
2024	삼성전자	300,870,903,000,000.00	32,725,961,000,000.00	34,451,351,000,000.00
2023	삼성전자	258,935,494,000,000.00	15,487,100,000,000.00	14,473,401,000,000.00
2022	삼성전자	302,231,360,000,000.00	55,654,077,000,000.00	55,654,077,000,000.00
2021	삼성전자	279,604,799,000,000.00	51,633,950,000,000.00	39,907,450,000,000.00
2024	SK하이닉스	66,192,960,000,000.00	23,467,319,000,000.00	19,796,902,000,000.00
2023	SK하이닉스	32,765,719,000,000.00	−7,730,313,000,000.00	−9,137,547,000,000.00
2022	SK하이닉스	44,621,568,000,000.00	6,809,417,000,000.00	2,241,669,000,000.00
2021	SK하이닉스	42,997,792,000,000.00	12,410,340,000,000.00	9,616,188,000,000.00

바이브 코딩을 통해 구글 시트에 추출한 삼성전자와 SK하이닉스 매출 데이터

입니다. 커서가 자신이 짠 코드로 삼성전자 사업보고서 자료에 제대로 접근을 못 하자 임의로 숫자를 만들어 구글 시트에 기록했습니다. 이는 코드가 사업보고서 자료가 존재하는 것을 확인했지만, 실제 자료를 읽지 못한 것입니다.

에러 메시지를 찬찬히 읽어보니 엔드포인트에서 값이 '100'으로 나오면서 자료를 찾지 못하는 현상이 빚어졌습니다. 이 에러 메시지를 클로드 대화창에 입력하고 에러 원인과 대책을 마련해달라고 했습니다. 클로드는 에러 메시지를 읽고 원인을 여러 각도에서 제시했습니다. 저는 그중에서 가장 확률이 높다고 판단한 내용을 커서에 입력했습니다. 같은 에러를 무한 반복하던 커서는 그제야 문제의 원인을 정확히 찾아서 코드를 수정했고, 이를 통해 실제 데이터를 가져와 시트에 저장했습니다.

하지만 문제는 이것에 그치지 않았습니다. 2024년 삼성전자 매출액이 36조 원으로 나왔는데, 한눈에 봐도 삼성전자의 연평균 매출 규모에 비해 턱없이 낮은 숫자였습니다. 이 문제에서도 커서는 같은 실수를 반복하면서 저를 답답하게 만들었습니다. 고민 끝에 다트에서 2024년 삼성전자 사업보고서를 XBRL 형식으로 다운로드해서 그 파일을 커서에게 제시했습니다. 커서는 마침내 XBRL 형식 사업보고서에서 답을 찾아 다시 코드를 수정하고 문제를 해결했습니다.

다트 데이터 크롤링 사례를 통해서 바이브 코딩을 이용할 때 다른 AI로 교차 검증을 해야 하고, 또 막다른 골목에 이르렀을 때 홈스처럼 해결을 위한 가설을 재빨리 세워서 가설 검증을 시도하는 것이 얼마나 중요한 태도인가를 절실하게 느꼈습니다.

15장

노코드 플랫폼 활용 문제 해결

구독 관리 매니저 개발

개인 또는 법인이 이용하는 구독 서비스가 폭발적으로 증가하고 있습니다. 구독 종류는 콘텐츠, 소프트웨어, 서비스, 상품 등 다양한 분야에 걸쳐 있습니다. 생성형 AI 서비스도 검색엔진과 달리 무료와 유료 서비스에 차이를 확실하게 두고 무료로 이용자를 유혹한 후 유료 전환을 유도하는 구독 서비스 정책을 강하게 밀고 있습니다. 이처럼 유료 구독 서비스가 대세를 이루면서 개인과 회사에서 그 이용 빈도가 크게 높아지고 있습니다.

AI의 코딩 능력을 활용해 구독 서비스 관리 문제를 해결한 사례를 소개하겠습니다. 우선 구독 서비스를 이용할 때 만나는 문제 구조부터 파악했습니다. 여러분은 각자 어떤 구독 서비스를 이용하고 있는지 모두 파악하고 있나요? 필자의 경우 유튜브 프리미엄, 넷플릭스 등 OTT와 리디 셀렉트, 만권당 등 정액제 전자책 서비스를 매월 구독하고 있습니다. 또 메일침프, 퀴즐렛 등 SaaS 형태 서비스를 여러

개 구독하고 있고, 면도기 정기배송 서비스인 와이즐리를 구독하고 있습니다.

여기에 생성형 AI 서비스가 대중화되면서 챗지피티, 캔바, 커서, 제미나이 등 다양한 AI 서비스 중에서 매월 유료로 구독하는 서비스가 증가했습니다. 각종 AI 서비스를 이용하다 보면 무료 용량을 초과해 유료 서비스를 사용하지 않을 수 없습니다. 이렇듯 이용하는 구독 서비스가 폭증하면서 내가 어떤 서비스를 이용하고 있고 결제일이 언제인지, 각 서비스에 얼마를 내고 있는지 일일이 파악하기가 수월치 않았습니다. 사용 빈도가 낮은 서비스에 돈을 낭비하고 있다는 생각이 들기도 합니다.

구독 서비스 문제는 크게 두 가지였습니다. 첫째, 결제일이 모두 달라서 매월 구독료로 얼마를 사용하는지 집계하기 어려웠습니다. 구독 서비스 인보이스는 대부분 이메일로 날아오는데 메일 박스에서 개별 인보이스를 확인할 뿐 전체 구독 서비스를 집계할 수 없었습니다.

둘째, 무료로 사용하다가 어쩔 수 없이 유료로 전환한 서비스 중에서 실제 잘 사용하지 않는 서비스가 꽤 많습니다. 이런 서비스는 결제일이 돌아오기 전에 유료 해지를 해야 하는데, 결제일을 넘겨 자동 결제가 되곤 했습니다.

구독 이용자 입장에서 각종 구독 서비스의 이용 형태별 분석, 구독료 내역, 결제일, 다음 결제일 파악, 월·분기·연간 단위별 사용 내역 분석을 하고 싶고 할 필요가 있는데, 구독 인보이스 형태, 결제 시기, 구독 내역 변경 안내 등의 형식이 다양하여 하나하나 챙겨서 분석하기 어렵습니다.

그리하여 구독 현황 분석 후 제공 회사, 서비스, 결제일, 결제 금액, 이달 결제일, 다음 달 결제일, 매달 총액 등 필요한 정보 중심으로 관리할 수 있는 앱 개발을 목표로 삼았습니다. 개발 플랫폼으로 구글의 노코드 플랫폼인 앱시트를 선택하고 다음 준비물을 챙겼습니다.

준비물 및 개발 프로세스			
구분	항목	내용	비고
데이터 소스	각종 구독 서비스 인보이스 또는 결제 정보	이메일을 통해 받은 구독 서비스 결제 데이터 리뷰	앱 개발 후 구독 서비스 정보 입력용

구분	항목	내용	비고
데이터 기록 및 저장	구글 시트 생성	구글 시트 헤더 칼럼 정하기, 시트 ID값 복사, 시트명 짓기	구글 시트가 DB 역할
	구글 시트 API	구글 클라우드에 접속 (cloud.google.com)	메뉴 중 API 및 서비스 선택 → 라이브러리에서 '구글 시트' 검색 → 사용 선택
	구글 시트 접근 인증	상동	메뉴 중 IM 및 관리자 선택 → 서비스 계정 → 서비스 계정 만들기 → json 파일 다운로드 받기 → OAuth 인증 파일 생성
개발 플랫폼	구글 앱시트	노코드 플랫폼으로 개발	앱시트가 제공하는 매뉴얼 따라 앱 개발, UI 디자인이 필요 없다는 장점, 일정 사용량을 넘으면 유료인 점 유의
기획서 초안	챗지피티/클로드 등 AI 이용	원하는 개발 개요를 프롬프팅하고 기획서 초안을 확보	원하는 수준을 얻을 때까지 반복해서 프롬프팅
개발 진행	앱시트의 'create' 메뉴 중 제미나이 AI 선택	개발 개요를 프롬프팅하면 제미나이가 앱 데이터 구조(테이블)를 짜줌	제미나이가 짜준 데이터 구조대로 구글 시트 헤더 칼럼과 시트명 정함

구분	항목	내용	비고
개발 튜터 생성	구글 노트북LM에서 'Appsheet 사용법' 노트 생성	구글 앱시트 사용법을 담은 유튜브와 블로그 검색 검색해서 찾은 URL들을 노트북LM 해당 노트에 소스로 추가	앱시트 개발 도중 막히는 부분을 노트북LM에서 질문하여 답 얻기
교차 검증	오류 반복 시 클로드/제미나이/그록 등 다른 AI에서 교차 검증	오류 메시지가 뜬 코드를 복사해서 프롬프팅하고 오류를 찾아달라고 요청	

위와 같은 준비물을 갖추고 클로드(챗지피티, 제미나이를 이용해도 무방)에 해결하고 싶은 구독 서비스 문제를 설명하고 앱 개발 기획서를 요청했습니다. 클로드가 생성한 프롬프트 초안을 더 다듬어 앱시트에 들어가 생성Create을 클릭해 메뉴 중에서 'Start With Gemini'를 선택했습니다.

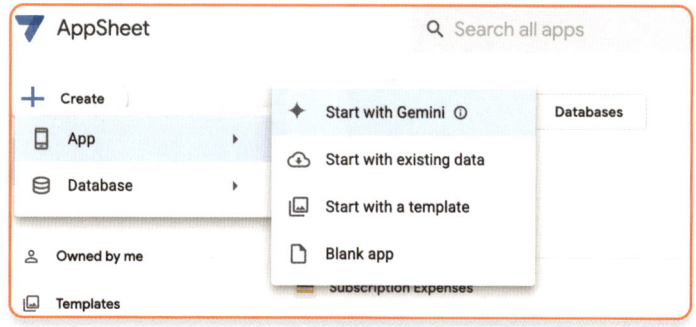

AI를 이용해 노코드 앱을 개발할 수 있는 앱시트의 메뉴

이어 제미나이 대화창에 미리 준비한 프롬프트를 넣었습니다. 앱시트는 제미나이를 통해 데이터 테이블을 생성해줍니다. 여기까지는 쉽게 진행할 수 있습니다. 이제부터 어려운 것은 데이터의 칼럼(열) 데이터 형식과 함수를 정해주는 것입니다.

이 과정에서 노트북LM의 'Appsheet 사용법' 폴더를 온라인 튜터로 삼아 칼럼 함수와 수식 작업을 진행했습니다. 노트북LM 앱시트 폴더에서 제가 원하는 내용을 입력하면 함수와 수식을 알려줍니다. 오류가 생기면 그 오류를 다시 노트북LM에 복사해서 붙이고 오류 수정을 요청하는 식으로 진행하였습니다.

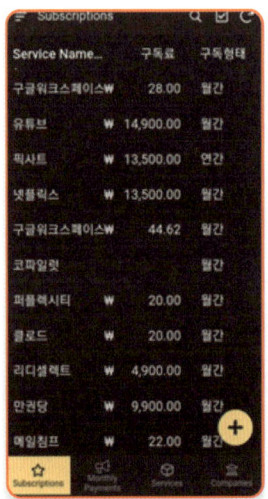

구독매니저1.0 모바일 버전

이런 과정을 통해 앱 개발을 마무리하여 원하는 솔루션을 손에 넣었습니다. IT 개발자의 도움을 받지 않고 스스로 필요한 솔루션을 찾은 셈입니다.

구독매니저1.0 PC 버전

메뉴는 서브스크립션Subscriptions, 회사, 서비스명, 월별 통계 등 4개로 구성하였습니다. 앱 틀을 만든 다음에는 기본 구독 정보 관련 정보를 입력했습니다. 서비스명, 회사 이름, 구독료(월/연간), 결제 화폐, 결제일, 활성화 여부 등을 차례로 입력했습니다. 이를 통해 매월 결제일을 캘린더에 표기했고, 월별 통계를 통해 매월 지출 총액을 모니터할 수 있습니다. 물론 새로운 구독 정보를 추가할 수 있고 기존 구독을 정지하거나 삭제할 수 있습니다.

구독매니저 앱을 손에 쥐면서 구독 서비스를 관리하는 데 효율성이 높아졌습니다. 예를 들어 한 달 무료 구독일 경우 결제일을 모니터링하다가 1~2일 전에 유료 구독 전환을 포기하는 방식으로 비용을 절감했습니다.

구독매니저 앱을 회사 전체에 적용할 수도 있습니다. 회사의 총무팀에서 이 앱을 통해 회사가 공동 계정으로 관리하는 각종 구독 서비스 현황을 한눈에 보면서 관리할 수 있습니다.

앱시트를 이용해 노코드 앱을 개발할 때 한 가지 사항을 주의해야합니다. 앱시트로 개발한 앱을 많은 사람이 사용할 경우 앱시트 가격정책에 따라 비용을 지불해야 하는 점입니다. 이 점을 제외하면 중견기업의 현업에서 문제 해결 솔루션이 필요할 때마다 앱시트를 아주유용하게 활용할 수 있습니다.

법인카드 관리 매니저 앱,
노코드로 개발하기

앞서 노코드 관련 장에서 언급한 법인카드 영수증 관리용 앱을 노코드 방식으로 개발하는 방법을 상세하게 소개하겠습니다. 노코드 플랫폼으로 구글 앱시트를 선택했습니다.

법인카드 영수증 관리 앱 기능의 핵심은 종이 영수증을 사진으로 촬영하여 업로드하면 영수증에 담긴 정보를 OCR로 읽어 필요한 정보를 추출하는 것입니다. 구글 앱시트는 내부 함수를 통해 OCR 기능을 제공하기에 영수증 판독에 바로 사용할 수 있습니다.

필요한 준비물과 개발 프로세스는 다음 페이지에 소개합니다.

법인카드 영수증 관리 앱에서 주의 깊게 다뤄야 할 기능은 종이 영수증에서 OCR을 통해 추출한 데이터에서 필요한 데이터를 정확

준비물 및 개발 프로세스			
구분	항목	내용	비고
데이터 소스	법인카드 사용 임직원 목록, 종이 영수증	부서/직위/월 한도 등	종이 영수증은 OCR 테스트에 사용
데이터 기록 및 저장	구글 시트 생성	구글 시트 헤더 칼럼 정하기, 구글 시트 ID값 복사, 시트명 짓기	구글 시트가 DB 역할
	구글 시트 API	구글 클라우드에 접속 (cloud.google.com)	메뉴 중 API 및 서비스 선택 → 라이브러리에서 '구글 시트' 검색 → 사용 선택
	구글 시트 접근 인증	상동	메뉴 중 IM 및 관리자 선택 → 서비스 계정 → 서비스 계정 만들기 → json 파일 다운로드 받기 → OAuth 인증 파일 생성
개발 플랫폼	구글 앱시트	노코드 플랫폼으로 개발	앱시트가 제공하는 매뉴얼 따라 앱 개발, UI 디자인이 필요 없다는 장점, 일정 사용량을 넘으면 유료인 점 유의
기획서 초안	챗지피티/클로드 등 AI 이용	원하는 개발 개요를 프롬프팅하고 기획서 초안을 확보	원하는 수준을 얻을 때까지 반복해서 프롬프팅

구분	항목	내용	비고
개발 진행	앱시트의 메뉴 중 제미나이 AI 활용	개발 개요를 프롬프팅하면 제미나이가 앱 데이터 구조 (테이블)를 짜줌	제미나이가 짜준 데이터 구조대로 구글 시트 헤더 칼럼과 시트명 정함
개발 튜터 생성	구글 노트북LM에서 'Appsheet 사용법' 노트 생성	구글 앱시트 사용법을 담은 유튜브와 블로그 검색, 검색해서 찾은 URL들을 노트북LM 해당 노트에 소스로 추가	앱시트 개발 도중 막히는 부분을 노트북LM에서 질문하여 답 얻기
교차 검증	오류 반복 시 클로드/제미나이/그록 등 다른 AI에서 교차 검증	오류 메시지가 뜬 코드를 복사해서 프롬프팅하고 오류를 찾아달라고 요청	

하게 뽑아내도록 하는 함수 정의입니다. 이 함수를 적합하게 정의하기 위해 'Appsheet 사용법' 노트북LM이 큰 역할을 합니다. 함수가 오류를 낼 때마다 노트북LM에 질의하여 함수를 수정하는 방식으로 문제를 해결합니다. 이 프로세스를 잘 세팅하면 법인카드 영수증 관리 앱은 잘 작동합니다. OCR 활용법을 익히면 다른 곳에도 적용할 수 있겠다는 자신감을 얻게 될 것입니다. AI 시대에 필요한 응용력이 쑥쑥 자라는 순간입니다.

법인카드 영수증 관리 앱의 경우 앱 틀을 만들고 나서 샘플 영수증을 확보해서 테스트를 여러 번 해야 합니다. 스마트폰으로 영수증을 촬영하여 앱에 업로드하고 나서 카드 영수증상의 금액 총액 정보가 잘 입력되었는지를 확인해야 합니다.

법카영수증 매니저1.0 모바일 버전

구글 앱시트는 아주 파워풀한 기능을 제공합니다. 특히 AI를 활용해 필요한 기능을 작동시키는 함수만 잘 다루면 막강한 기능을 제대로 누릴 수 있습니다. 하지만 데이터 함수를 다루는 것이 그리 쉽지 않습니다. 개발 과정에서 함수 오류를 비롯해 각종 난관을 만납니다. 그럴 때마다 좌절하지 않고 차분하게 문제 원인을 진단하고 가설을 세워 노트북LM에 구축한 튜터를 활용하면서 경우에 따라 클로드, 제미나이 등 종합형 AI에게도 도움을 요청해야 합니다. 예를 들어 잘 안 되는 상황을 알려주고 필요할 경우 에러가 난 화면을 캡처해서 AI에게 제공하면 AI는 신속하게 문제 해법을 알려줍니다.

온라인 학습 상담 챗봇,
큐나이 사례

◆ ◆ ◆

메가로스쿨 강사 이해황 씨는 2025년 4월 말 페이스북에 자신이 직접 만든 큐나이qnai.kr 서비스를 소개하면서 개발 동기와 개발 과정을 상세히 설명했습니다. 큐나이는 로스쿨 준비생들이 법학적성시험인 '리트LEET'를 공부하면서 궁금한 점을 질문하면 AI가 신속하게 답변해주는 온라인 서비스입니다.

큐나이에 로그인하면 2009년부터 2025년까지 모든 리트 기출 문제와 정답을 검색할 수 있습니다. 이어 해당 문제에 대한 의문점을 채팅창에 입력하면 AI가 신속하게 답변을 해줍니다. 국내 시험 중 최고 난도의 시험에 대한 궁금점을 온라인에서 즉시 해결할 수 있는 길이 열린 것입니다.

이해황 씨는 먼저 하루에 많은 시간을 문의 답변에 할애하느라 정

메가로스쿨 이해황 강사의 큐나이에서 기출 문제를 선택해 질문하는 화면

작 강의 촬영을 못 하는 문제를 해결하기 위해 큐나이 개발을 구상했다고 밝혔습니다. 특히 그는 챗지피티를 비롯해 딥시크 등 여러 AI 모델이 서로 경쟁하면서 AI 성능이 급속도로 좋아지고 또 사용하기도 편리해진 점도 직접 개발을 결심하게 된 동기라고 덧붙였습니다.

그러면서 스스로를 알파고와 이세돌 9단의 바둑 대국에서 알파고의 지시에 따라 대국장에서 실제 바둑돌을 놓는 역할을 했던 '아자황'에 비유했습니다. 사이트 개발 과정에서 AI가 기획, 코딩 등 핵심적인 역할을 하고 자신은 AI가 한 작업을 복사해서 붙여 넣는 역할을 한 점에서 그렇게 비유한 것입니다.

이해황 씨는 미리 준비한 데이터, 생성형 AI 프롬프트와 API를 활용해 큐나이 서비스를 이틀 만에 뚝딱 만들었다면서, 만약 AI를 활용하지 않고 자신이 구상했던 자동 질의응답 서비스를 만들려면 2년 정도 걸렸을 것이라고 추정했습니다.

이해황 씨가 이처럼 이틀 만에 AI를 활용한 자동 질의응답 서비스를 만들 수 있었던 원동력은 역시 자신이 당면한 문제를 디지털 기술로 해결하려는 문제의식입니다. 그는 그동안 출제된 로스쿨 시험 문제를 모두 데이터베이스화하였습니다. 아무리 성능 좋은 AI를 활용해도 데이터가 없으면 무용지물이지요.

큐나이를 접한 로스쿨 준비생들은 챗봇 형태로 기출 문제 중 애매하거나 헷갈리는 문제에 대해 자유롭게 질문하고 답을 얻는 것에 큰 만족을 표시했습니다. 특히 언제 어디서든지 24시간 내내 질문할 수 있는 점을 반겼습니다. 과외 교사를 24시간 옆에 두고 필요할 때마다 즉시 해법을 얻기 때문입니다.

이해황 씨는 AI가 단기적으로는 강사 조교의 단순 반복 업무를 대체하고, 중기적으로는 그래프형 데이터베이스를 구축해 모의고사 출제자까지 대체할 가능성이 있다고 봤습니다. 또 장기적으로는 AI가

학원이나 일타강사에게도 큰 변화를 가져올 것으로 예상하며, AI가 인건비를 줄이는 핵심 도구가 될 것이라고 예측합니다.

큐나이 사례는 자신이 속한 도메인에서 쌓은 경험과 지식과 AI의 능력을 융합하여 창의적 솔루션을 얼마든지 만들 수 있음을 잘 보여줍니다. AI의 진정한 가치는 이처럼 도메인 지식을 활용한 AI 코딩에서 무한대로 발휘될 것입니다.

코딩의 허들,
홈스처럼 뛰어넘기

◆ ◆ ◆

AI를 활용해 코드를 만들기 시작하면 단순한 문서 작업을 넘어선 새로운 차원의 힘을 맛보게 될 것입니다. 하지만 그 매력을 느끼는 순간도 잠시, 대부분의 초심자는 이내 몇 가지 높은 허들과 마주하게 됩니다. 예제를 따라 할 때는 모든 것이 순조로워 보이는데, 막상 내 문제를 해결하기 위해 응용을 시도하면 예상치 못한 난관에 부딪히는 것입니다.

첫 번째 허들 : 기술적 장벽과 마주하기

가장 먼저 만나는 허들은 앱을 만들고 실행하는 과정에서 발생하는 각종 기술적 오류입니다. 대표적인 사례는 다음과 같습니다.

API 및 인증 설정 오류

AI의 특정 기능을 사용하거나 구글 시트 같은 외부 서비스에 데이터를 기록하려면, 해당 서비스의 API 키를 발급받고 인증 설정 OAuth을 마쳐야 합니다. 이 과정을 누락하면 AI 기능이 작동하지 않거나 데이터 접근이 거부됩니다.

필수 라이브러리 누락

파이선으로 웹사이트 정보를 수집(크롤링)하거나 데이터를 분석하려면, 판다스 Pandas나 뷰티풀수프 BeautifulSoup와 같은 전문 도구(라이브러리)를 먼저 설치해야 합니다. 필요한 도구가 준비되지 않으면 코드는 실행될 수 없습니다.

두 번째 허들 : 선택의 미로에 갇히기

기술적 오류를 넘어선다 해도 더 복잡한 허들이 기다립니다. 목표 지점까지 가는 길이 하나가 아니라 여러 갈래이며, 각 단계마다 수많은 선택지가 존재한다는 점입니다.

예를 들어 개발 과정에 5개의 단계가 있고 각 단계마다 2개의 옵션만 있어도, 총 32가지 경우의 수가 생깁니다. 초보자는 어떤 선택이 가장 효율적인지 가늠하기 어려워, 막다른 길에 다다른 뒤에야 다른 방법을 찾아 헤매기 십상입니다.

허들 돌파법: 홈스처럼 추리하고, 왓슨에게 질문하라

이처럼 수많은 난관 앞에서 우리는 어떻게 해야 할까요? 홈스처럼 추리력을 발휘하고 난관 돌파를 위해 필요한 가설을 재빨리 세워서 검증하는 태도를 지녀야 합니다.

코딩 과정에서 마주하는 모든 오류는 '규칙에 맞지 않는 선택을 했다'는 시스템의 정직한 신호입니다. 이때 당황하지 말고, 홈스의 추리법을 먼저 활용해보세요.

관찰

오류 메시지야말로 홈스에게 주어진 가장 중요한 '단서'입니다. 메시지를 면밀히 관찰하세요.

가설

단서를 바탕으로 "내가 어떤 규칙을 어겼을까?"라는 질문을 던지며 "API 인증 문제이다", "데이터 형식이 잘못되었다"와 같은 구체적인 가설을 세웁니다.

교차 검증

가설과 오류 메시지를 AI 왓슨(챗지피티, 클로드, 제미나이 등)에게 제시하며 함께 토론하세요. "이런 오류가 발생했는데, 혹시 이 부분이 문제일까?"와 같이 질문하는 것입니다. 특히 동일한 오류가 반복될 때 특정 AI에만 의존하지 말고 다른 AI에게 물어보는 식으로 교차 검증을 하는 습관을 갖기 바랍니다. 교차 검증 방식을 통해 오류를 쉽게 해결할 가능성이 높습니다. 이때 AI 왓슨은 함께 가설을 검증하며 문제를 해결해주는 최고의 파트너가 되어줄 것입니다.

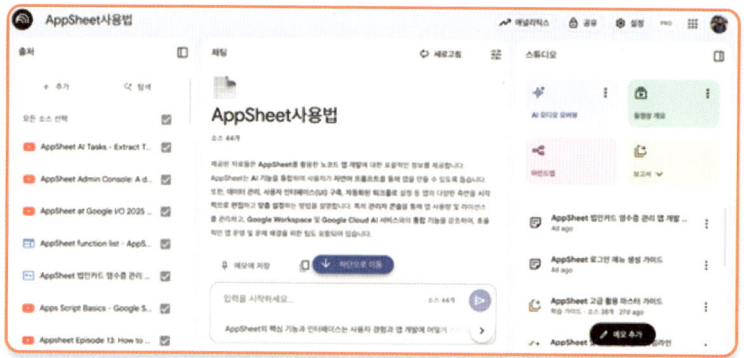

구글 노트북LM에 만든 코딩 튜터 'Appsheet 사용법'

코딩 튜터

구글 노트북LM과 같은 개인맞춤형 AI를 이용해 코딩 개인 튜터를 구축해놓고 필요할 때마다 해답을 구하는 것도 좋습니다. 개인 코딩 튜터는 오픈AI의 에이전트 빌더, 구글의 오팔, n8n 등 노코드 플랫폼을 다룰 때도 각각 구축해놓고 활용하는 것을 추천합니다. 필요할 때마다 즉시 질의할 수 있는 든든한 개인 튜터를 곁에 두면 언제든지 문제 해결에 도움을 받을 수 있습니다.

이것이 바로 코딩의 허들을 넘는 홈스식 문제 해결법입니다.

5부

AI는 아이디어 팩토리

16장

홈스의
아이디어 만들기
스킬

AI는
최고의
아이디어 팩토리

◆ ◆ ◆

미국 와튼스쿨의 레너트 마인키Lennart Meincke 교수, 코넬 대학교의 카란 기로트라Karan Girotra 교수 등 5명은 2023년 인간과 AI의 아이디어 창출력을 비교한 연구를 담은 논문을 발표했습니다. 연구자들은 와튼 스쿨에서 제품 디자인 및 혁신 과목을 수강하는 대학원생 50명이 낸 아이디어 200개와 GPT-4가 낸 아이디어 200개를 비교 평가하였습니다. 그 결과 구매 의도, 최고의 품질 등 모든 항목에서 GPT-4가 학생들보다 좋은 점수를 받았습니다.

심사위원들이 최고의 품질 항목에서 선택한 전체 상위 40개 아이디어 가운데 35개가 GPT-4가 생성한 아이디어였습니다. 상위 10%의 아이디어 중에서 87.5%를 AI의 아이디어가 차지한 것입니다.

이선 몰릭도 『듀얼브레인』에서 "내가 지도하는 창업 수업에서 학생들에게 AI를 사용해 창업 아이디어를 제출하라고 해보니, AI 도입 이전에 비해 아이디어의 수준이 엄청나게 높아졌다"라고 했습니다. AI 등장 이전에 몰릭 교수는 학기마다 학생들이 내놓는 고만고만한 수준의 아이디어들을 반복해서 봐야 했습니다. 특히 바에서 음료를 더 잘 주문하는 방법이나 방학 중에 물건을 보관해주는 서비스 등 학생의 경험을 바탕으로 하는 아이디어가 대부분이었습니다.

몰릭 교수가 학생들에게 AI를 아이디어 팩토리로 활용하라고 하자, 이번에는 학생들이 AI 도움을 받아 이전보다 참신한 아이디어를 제출했습니다. 무엇보다 수강생들은 AI를 통해 자신의 경험 범위를 넘어서는 아이디어를 만드는 요령을 터득했습니다. 몰릭 교수는 이런 사례를 들며 "AI를 초대하는 것은 혁신과 새로운 관점을 더하는 저렴한 방법이 될 수 있다"고 주장했습니다.

AI의 아이디어 창출력의 비밀

AI, 특히 LLM과 생성형 AI는 아이디어를 만들고 확장하는 데 놀라운 강점을 보입니다. 이러한 강점은 단순히 정보를 조합하는 것을 넘어, 방대한 학습 데이터, 패턴 인식 능력, 그리고 확률적 생성 메커니즘이라는 AI의 기술적 요인에서 비롯됩니다.

우선 LLM은 인터넷상에 공개된 거의 모든 텍스트 데이터를 학습합니다. 여기에는 책, 기사, 웹페이지, 코드, 대화 등 다양한 형식과 주제의 정보가 포함됩니다. 인간이 아무리 노력해도 불가능한 규모의 지식을 AI가 축적하고 있고 또 새로운 지식을 추가해서 축적해나갑니다.

AI는 이런 지식을 바탕으로 말 지어내기에 천재성을 발휘합니다. 생성형 AI는 다음 단어를 예측하는 방식으로 텍스트를 생성하며, 이 과정은 확률적입니다. 즉 여러 가능한 단어 중에서 확률적으로 가장 적합한 단어를 선택하고, 이 선택 과정에 무작위성이 작동될 수 있습니다. 확률적이고 비결정론적인 특성 덕분에 인간이 예상하지 못했던 독특하거나 엉뚱하지만 흥미로운 아이디어를 제시할 수 있는 것입니다. 이는 인간이 고정관념이나 사고 프레임워크에서 벗어나는 데 도움이 되기도 합니다.

단순히 아이디어를 많이 생성하는 것을 넘어, 특정 목적이나 조건에 맞는 아이디어를 집중적으로 생성할 수도 있습니다. 신상품을 기획할 경우 AI에게 타깃 연령층을 제시하고 아이디어를 뽑아달라고 요청하면 됩니다.

AI는 인간과 비교할 수 없는 빠른 속도로 프롬프트를 처리하고 결과물을 생성합니다. 또한 피드백을 받아 즉시 결과를 수정하고 개선할 수 있습니다. 아무리 반복해서 요청해도 사람처럼 지치거나 짜증 내지도 않습니다.

이러한 기술적 요인들이 결합되어 AI는 아이디어 만들기에 매우 강력한 도구가 됩니다. 물론 최종적인 아이디어의 가치 판단, 실행 가능성 검토, 인간적인 통찰력 부여는 여전히 사람의 역할이지만, AI는 그 과정에서 '아이디어 팩토리'로서 중요한 역할을 수행합니다.

셜록 홈스가 21세기에 태어났다면 탐정이 아니라 세상을 바꾸는 스타트업 창업자나 일론 머스크 같은 혁신적인 경영자가 되었을 것입니다. 그의 위대함은 단순히 방대한 지식이 아닌, 기존의 지식을 연결하고 재구성하여 아무도 보지 못하는 가설을 '발견'하는 능력에 있기 때문입니다. 이는 바로 현대 경영과 혁신의 핵심입니다.

AI 시대 홈스가 된 여러분은 AI 왓슨을 최고의 아이디어 팩토리로 마음껏 활용할 수 있습니다. AI 왓슨은 여러분의 아이디어 창출 요청에 지치지 않고, 고정관념에 얽매이지 않으며, 무한한 아이디어를 쏟아내는 파트너 역할을 할 것입니다.

혁신을 위한
아이디에이션

◆ ◆ ◆

2024년에 강원도 횡성군에 있는 폐교한 초등학교 건물을 임대하여 건강학교로 운영하는 프로젝트를 추진했습니다. 건강학교 운영에서 가장 큰 과제는 4000여 평에 이르는 운동장 관리였습니다. 이 운동장은 본래 잔디가 깔린 축구장이었습니다. 그런데 폐교 이후 오랫동안 방치되면서 여름이면 잡초가 운동장 전체를 덮어 도저히 활용하기 어려운 상황이 반복되었습니다. 따라서 해마다 수백만 원에 이르는 비용을 들여 제초 작업을 해야 했습니다.

학교를 방문한 한 지인이 제초 작업 대안으로 로봇 잔디깎이를 검토해볼 것을 권했습니다. 좋은 아이디어라고 판단하고 인터넷에서 로봇 잔디깎이를 검색했습니다. 검색 결과 마모션Mamotion, 야르보Yarbo 등 몇몇 선도 제품이 관심을 끌었습니다. 그런데 4000평 운동장의 잔디를 깎을 수 있는 고급 사양 제품은 4000~5000달러대로 선뜻 구매하기에 만만치 않은 가격을 형성하고 있었습니다.

가정용 로봇 청소기가 100만 원 안팎의 가격으로 잘 팔리는 점을 고려해, 로봇 잔디깎이도 가격대가 내려가면 널리 보급되지 않을까 하는 생각을 했습니다. 이어 AI에게 로봇 잔디깎이의 가격을 내릴 수 있는 혁신 아이디어를 구해봤습니다.

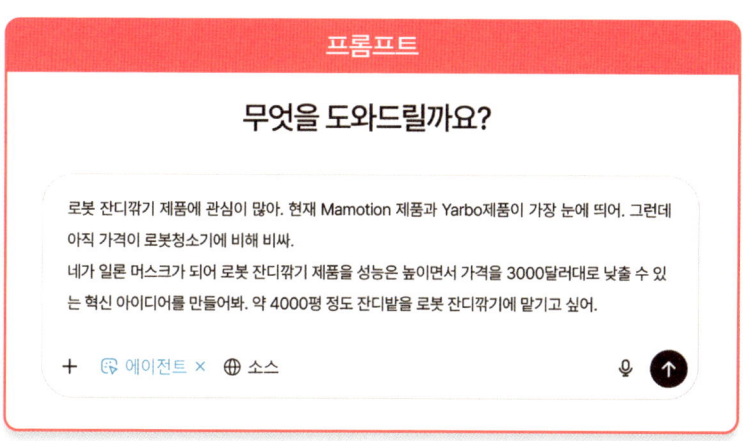

이렇게 요청하자 AI가 아이디어를 내놓았습니다. 언뜻 보고는 화려한 말잔치에 가깝다고 생각했는데, 하나씩 뜯어보니 흥미로운 점도 꽤 많았습니다. 특히 테슬라 창업자 일론 머스크의 경영 스타일을 아이디어에 제법 잘 녹여낸 점이 눈에 띄었습니다.

이처럼 아이디어 팩토리로서 AI는 전혀 다른 관점에서 문제를 생각해볼 수 있는 단서를 제공합니다. 무엇보다 아무리 황당한 주제를

전략적 설계 아이디어들

아래 아이디어들은 서로 조합해서 쓰는 게 핵심이야.

문제점	혁신 아이디어	기대 효과 / 한계 보완
고가 부품비 (고정밀 GPS/RTK 모듈, 고용량 배터리, 정밀 센서 등)	1. 대량 적층 비용 절감 전략: 로봇 잔디깎기도 배터리, 모터, 센서 모듈은 어느 정도 범용화가 가능하니까, 자동차·드론 등 규모의 경제를 활용해 핵심 모듈을 자회사 혹은 협력사와 대량 생산 계약 체결 2. 모듈화 구조 설계: 기본 버전 + 확장 버전 (예: 기본 항법 + 업그레이드 모듈로 RTK 보정, 추가 센서 등)로 시작가 낮추기	기본 기능으로 시작가 낮추고, 고급 옵션으로 수익성을 확보
배터리 용량/무게 문제	3. 배터리 쉐어링 네트워크: 예를 들어 지역 단위로 로봇잔디깎기 배터리 팩을 공유하고 교환하는 거점 설치 (마치 전기 스쿠터 배터리 교환소처럼). 로봇 본체는 가볍게 하고 배터리 팩만 교환 가능하게 설계 4. 에너지 회수 시스템: 예를 들어 아래와 같이 – 잔디 깎는 날 (모터 작동), 오르막에서 회생 제동(회수 전기) 활용, 태양광 셀 통합(로봇 표면이나 충전 거점에)	배터리 무게/비용 부담 완화, 운용 효율성 증가
충전 시간 / 사용 가능 시간 제약	5. 다중 충전 도킹 스테이션 네트워크: 한 개 충전소만 있는 게 아니라, 정원 내 여러 포인트에 충전 허브를 배치 ↓ 로봇 이동 거리를 줄이고 항상 근처 충전 가능하도록 설계	

던져주며 아이디어를 내라고 해도 싫은 기색 없이 척척 아이디어를 만들어내는 매력을 발휘합니다. 추가 주문을 계속해도 지치지도 않습니다.

기상천외한 아이디어 주문하기

과제를 수행하다가 막다른 골목에 다다를 때가 많습니다. 이런 상황에서 기존 사고의 틀에서 벗어나는 아이디어를 짜내면 쉽게 해결책을 찾을 수 있습니다. 또 제로베이스에서 시작하는 일을 할 때 기상천외한 아이디어를 많이 만들면 미처 보지 못한 사업 기회를 얻을 수 있습니다. 하지만 그런 아이디어를 얻기란 좀처럼 쉽지 않습니다. 누구나 기반 지식과 지난 경험에서 자유롭지 않기 때문입니다. 이럴 때 아이디어 팩토리로서 AI를 활용하면 쉽고 빠르게 상식을 뛰어넘는 아이디어를 많이 확보할 수 있습니다.

기상천외한 아이디어 짜내기를 AI에게 지시하는 요령 중 하나는 서로 연관이 없는 것을 연결하는 것입니다. 이선 몰릭 교수는 커피숍 아이디어를 얻기 위해 아이디어 팩토리 AI에게 이렇게 지시했습니다. "너는 문제 해결과 아이디어 창출의 전문가야. 문제를 해결하라는 요청을 받으면 참신하고 창의적인 아이디어를 내놓을 수 있어. 슈퍼히어로가 에스프레소를 만든다면 어떻게 만들지 그 구체적인 방법을 10가지 알려줘. 그리고 어떻게 하면 그것과 이론적으로 같은 효과를 신제품에 도입할 수 있을지 알려줘."

『타이탄의 도구들』의 저자 팀 페리스Tim Ferriss의 황당한 아이디어 창출법은 책장에 꽂힌 책들을 보고 임의로 두 책의 제목을 연결짓는 것이라고 합니다. 예를 들어 공상과학소설(『은하수를 여행하는 히치하이커를 위한 안내서』)과 경제경영 서적(『넛지』)의 제목을 연결해보는 식입니다.

무엇을 도와드릴까요?

『은하수를 여행하는 히치하이커를 위한 안내서』와 경영 서적 『넛지』를 연결해 혁신 아이디어를 만들어줘.

＋　🔷 에이전트 ✕　🌐 소스　　　　　　　　　　　🎤　⬆

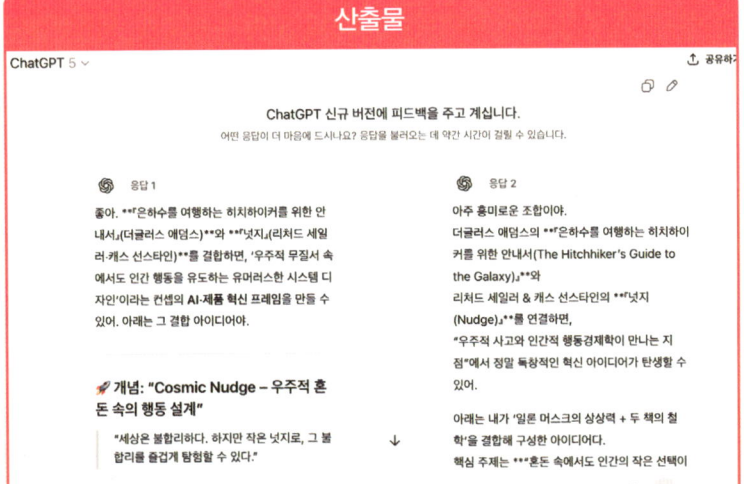

ChatGPT 5 ⌄　　　　　　　　　　　　　　　　　　　　　　⬆ 공유하기

ChatGPT 신규 버전에 피드백을 주고 계십니다.
어떤 응답이 더 마음에 드시나요? 응답을 불러오는 데 약간 시간이 걸릴 수 있습니다.

응답 1

좋아. **『은하수를 여행하는 히치하이커를 위한 안내서』(더글러스 애덤스)**와 **『넛지』(리처드 세일러·캐스 선스타인)**를 결합하면, '우주적 무질서 속에서도 인간 행동을 유도하는 유머러스한 시스템 디자인'이라는 컨셉의 AI·제품 혁신 프레임을 만들 수 있어. 아래는 그 결합 아이디어야.

🚀 **개념: "Cosmic Nudge – 우주적 혼돈 속의 행동 설계"**

"세상은 불합리하다. 하지만 작은 넛지로, 그 불합리를 즐겁게 탐험할 수 있다."

＋ 무엇이든 물어보세요

응답 2

아주 흥미로운 조합이야.
더글러스 애덤스의 **『은하수를 여행하는 히치하이커를 위한 안내서(The Hitchhiker's Guide to the Galaxy)』**와
리처드 세일러 & 캐스 선스타인의 **『넛지(Nudge)』**를 연결하면,
"우주적 사고와 인간적 행동경제학이 만나는 지점"에서 정말 독창적인 혁신 아이디어가 탄생할 수 있어.

아래는 내가 '일론 머스크의 상상력 + 두 책의 철학'을 결합해 구성한 아이디어야.
핵심 주제는 ***"혼돈 속에서도 인간의 작은 선택이***

🎤 ⬛

챗지피티는 엉뚱한 아이디어 추출 요청에 대해 두 가지 응답을 제시하며 어떤 것이 더 마음에 드는지 묻습니다. AI가 창출한 아이디어들은 두 책이 가진 독특한 시각을 결합하여 현실과 상상력을 넘나드

는 창의적이면서 기발한 내용을 담고 있습니다. 물론 현실적이지는 않지만, 찬찬히 뜯어보면 생각의 문이 활짝 열리면서 사고의 지평이 더 넓어지는 느낌을 받습니다.

이처럼 좋은 아이디어는 언제나 논리적인 흐름 속에서만 탄생하는 건 아닙니다. 오히려 상관없어 보이는 것들이 만나 의외의 방식으로 결합될 때 혁신적인 창의력이 폭발하곤 합니다. 여러분이 아무리 황당무계한 아이디어 창출을 지시해도 아이디어 팩토리 AI는 능청스럽게 여러분의 지시를 충실히 수행할 것입니다.

관점 전환 아이디어 검증에 활용

일을 하다 보면 기존 관점과 전혀 다른 관점에서 일을 풀어가면 어떨까 하는 생각이 들 때가 있습니다. 이 경우 여러분의 아이디어를 검증하는 데 아이디어 팩토리로서 AI를 사용해보세요.

저는 책을 쓰면서 가끔 번뜩이는 아이디어가 떠오를 때 이전에는 지인에게 그 아이디어를 공유하고 의견을 묻는 방식으로 검증했었습니다. 그런데 이제는 아이디어를 검증하기 위해 AI를 찾습니다.

저는 전자책을 소재로 한 책을 오랫동안 준비했습니다. 특히 전자책의 듣기 기능을 활용한 독서법의 장점을 소개하려는 의도로 원고를 꾸준히 썼습니다. 핵심은 심각한 사회문제인 디지털 기기 사용 중독에서 벗어나고 나아가 건강한 뇌를 지키기 위해 전자책의 듣기 기능을 이용해 귀로 책을 듣는 것을 권하는 것입니다.

집필 중간에 원고를 출력하여 읽으면서 중복된 내용을 점검하고 빠진 부분, 논리적 허점 등을 점검했습니다. 그런데 그 과정에서 저 스스로 뭔가 부족함을 느꼈습니다. 또 강조하고 싶은 메시지가 너무 많아 독자가 직관적으로 받아들이기 어려울 것이라는 우려도 들었습니다. 그런 점을 고민하다가 인류가 문자를 발명하기 전까지 오랜 기간 동안 정보 습득의 방법으로 듣기를 사용해왔다는 점을 떠올렸습니다. 그래서 '태초의 독서법, 귀독서'라는 제목을 고안해냈습니다.

하지만 이 제목을 채택하고 책의 핵심 메시지로 사용하려고 하니 자신이 서지 않았습니다. 이 순간에 AI로 제 아이디어를 한번 검증해보자는 생각이 떠올랐습니다.

제가 쓴 초고를 AI에게 제시하고 다음과 같이 물었습니다.

무엇을 도와드릴까요?

"나는 디지털 시대에 책 내용을 귀로 듣는 행위의 중요성을 강조하고 싶어. 특히 디지털 중독을 완화할 수 있고, 또 재미있는 책을 듣는 동안 뇌를 활성화시킬 수 있는 방법으로서 귀독서라는 용어를 눈으로 읽는 눈독서에 대한 대안으로 사용하고 싶어.

귀독서라는 용어가 적절한지, 또 유사한 용어를 사용한 사례가 있는지 알려줘."

+   ⓒ 에이전트 ✕   🌐 소스   🎤   ↑

좋은 주제야 — "책을 귀로 듣는 행위"를 핵심 가치로 삼고 "눈으로 읽는 독서(눈독서)"의 대안 개념을 제시하는 건 매력적이야.

먼저 "귀독서"라는 용어가 적절한지 보고, 비슷한 용어 혹은 사례들을 같이 살펴보자.

1. "귀독서"라는 용어의 적절성 — 장단점 및 고려할 점

장점

- **직관성**
  "귀(耳)" + "독서(讀書)"의 조합이니까, 듣는 독서(오디오북 등)를 지칭한다는 의미가 바로 눈으로 읽는 독서에 대한 대안이라는 뉘앙스도 담을 수 있어.

- **새로운 브랜드성 / 차별화**
  기존에 통용되는 '오디오북(audiobook)', '청취형 독서', '귀로 듣는 독서' 등의 일반 표현과는 달리, "귀독서"라는 고유명사가 새로운 개념처럼 느껴질 수 있어.

- **한국어 어감과 언어적 연결**
  한글로 '귀독서'라고 하면 발음도 크게 어색하지 않고 ↓ 독서'와 대응 관계를 염두에 둔 쌍어(대비 구조)로 사용하기 좋지.

AI와의 대화를 통해 '귀독서'라는 개념의 장단점을 파악하고, 또 스마트폰 중독으로 인해 뇌가 손상되는 흐름에서 귀독서 개념을 제시하는 것이 적절할 수 있다고 판단했습니다. 이런 판단을 바탕으로 제목을 확정했고 『뇌가 젊어지는 독서 습관 귀독서』를 출간했습니다.

돌파가 필요할 때
아이디어 구하기

◆ ◆ ◆

전자공시시스템에서 기업 재무 데이터를 가져와서 원하는 데이터를 추출하는 AI 코딩을 경험하고 나자, 데이터 활용 범위를 확장하고 싶어졌습니다. 전자공시시스템이 기업 데이터의 보고인 만큼 다양한 가설을 세워 숨은 의미를 찾아내는 AI 코딩을 추가로 진행하고자 했습니다.

데이터 활용 아이디어를 짜내기 위해 머리를 굴려봤지만 그럴듯한 아이디어가 잘 떠오르지 않았습니다. 이럴 때 회계 전문가에게 물어서 아이디어를 얻을 수 있지만, 회계 지식이 얕으니 전문가에게 자문을 구하기도 쉽지 않았습니다.

저는 홈스가 되어 AI 왓슨에게 제가 필요한 아이디어를 10개 만들어달라고 요청했습니다.

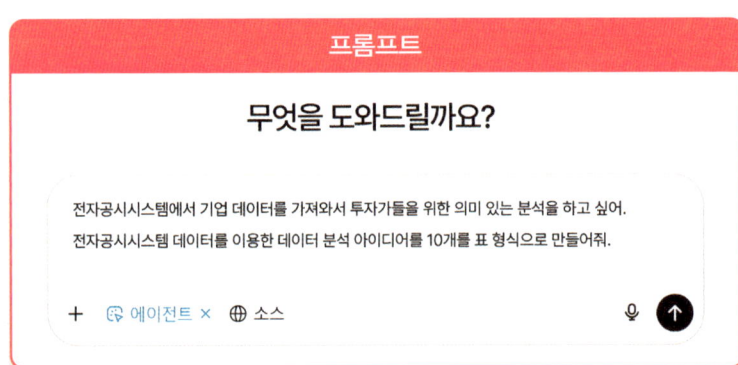

프롬프트

무엇을 도와드릴까요?

전자공시시스템에서 기업 데이터를 가져와서 투자자들을 위한 의미 있는 분석을 하고 싶어.
전자공시시스템 데이터를 이용한 데이터 분석 아이디어를 10개를 표 형식으로 만들어줘.

\+ 🔗 에이전트 ✕ 🌐 소스   🎤 ⬆

산출물

📊 전자공시시스템(DART) 기반 투자자용 데이터 분석 아이디어 10선

번호	분석 주제	데이터 활용 항목	분석 목적 / 투자 인사이트	구현 아이디어
1	이익률 대비 공시 빈도 분석	사업보고서·분기보고서 제출 시기, 공시 건수	공시 빈도와 기업의 수익성·투명성의 상관관계 탐색	공시 빈도가 높은 기업일수록 주가 변동성 낮은지 회귀분석
2	부채비율·유동비율 변동 추이 분석	재무제표(재무상태표)	재무 안정성 변화 탐색 → 리스크 관리 지표로 활용	시계열 기반으로 분기별 부채비율, 유동비율 추세 시각화
3	R&D 투자 강도와 주가 수익률 상관 분석	손익계산서(연구개발비 항목), 사업보고서	기술혁신형 기업의 장기 성장성 예측	매출 대비 R&D 비율과 주가 CAGR(연평균성장률) 비교
4	임원 보수 공시와 기업성과 비교	임원 보수총액, 영업이익, ROE	거버넌스 투명성 및 성과 연동성 점검	임원 보수 증가율 대비 ROE·PER 변화율 분석
5	감사 의견 유형별 주가 반응 분석	감사보고서(감사의견)	부정적 의견(한정·부적정)이 시장에 미치는 영향 측정	공시 후 일정기간 주가 변동률 평균 비교

↓

    AI의 산출물을 보고 속이 뻥 뚫리는 기분이 들었습니다. 백지에서 아이디어를 짜내느라고 헤매다가 마중물을 보니 '이제 출발할 수 있겠구나' 하는 생각이 들었던 것입니다.

    이와 같이 아이디어 팩토리 AI를 잘 활용하면 막힌 곳에서 돌파구

를 찾을 아이디어를 쉽게 구할 수 있습니다. 돌파용 아이디어를 구할 때는 챗지피티, 제미나이, 클로드 등 몇 가지의 생성형 AI에게 같은 프롬프트를 넣고 산출물을 비교하는 것을 적극 추천합니다. 산출물 비교를 통해 겹치는 아이디어에서 실현 가능성을 확인하거나 겹치지 않은 아이디어에서 뜻밖의 인사이트를 얻을 수 있기 때문입니다.

아이디어맨 홈스의 취사선택과 확장

여러분이 아이디어맨 홈스가 되고 싶을 때 AI 왓슨은 언제든지 기발하면서 황당한 아이디어를 쏟아냅니다. 또 천하의 홈스라도 가끔 머리가 잘 안 돌아갈 때가 있습니다. 이때도 AI 왓슨에게 솔직하게 털어놓고 아이디어를 구하면 그럴듯한 아이디어를 지치지 않고 제공할 것입니다.

AI 왓슨이 아이디어를 쏟아내면 홈스로서 여러분은 아이디어를 판별하거나 황당한 아이디어 속에서 보석을 발견하는 역할을 수행해야 합니다. 아이디어를 짜내기는 어려워도 남이 만든 아이디어를 판별하기는 쉽습니다. 말도 안 되거나 말장난 수준의 산출물은 버리고 그럴듯한 아이디어를 추려서 수정하거나 확장하면 멋진 아이디어를 건질 수 있습니다.

실제 마케팅용 문구를 만들기 전에 기초적인 정보와 의도 등을 프롬프트에 담아 캐치프레이즈 아이디어를 만들어달라고 요청해보세요. 빈 백지에서 시작하는 것보다 여러 초안을 갖고 작업하면 더 쉽고 효율적으로 마케팅 문구를 만들 수 있습니다.

이선 몰릭은 『듀얼브레인』에서 "아이디어를 낼 때 AI를 활용하면 대부분의 아이디어가 평범할 것이라고 예상해야 한다. 하지만 괜찮다. 바로 이때 인간인 당신이 등장한다. 당신은 영감과 재조합의 바탕이 될 아이디어가 필요한데, 쓸 만한 재료를 나열한 목록이 있으면 아이디어를 내는 데 서툰 사람들도 일을 훨씬 쉽게 시작할 수 있다"라고 말했습니다.

여러분은 아이디어 팩토리가 순식간에 만든 아이디어 중에서 그럴듯한 것을 한두 개 골라 추가 지시를 내리며 아이디어를 변형하는 일을 맡아야 합니다. 그렇게 여러 단계를 거쳐 아이디어를 변형시키면 마침내 실행 가능성이 높은 아이디어를 손에 쥐게 됩니다.

AI, 희망인가 재앙인가?

예측조차 어려운 AI의 잠재력

AI 연구는 1950년대 인간의 뇌처럼 작동하는 기계를 만들기 위한 도전으로 시작되었습니다. 그후 기대와 실망이 교차하면서 몇 차례 이른바 AI 겨울을 맞았습니다. AI 겨울 시기를 종식시킨 사건은 2016년 3월 서울 한복판에서 벌어진 알파고와 이세돌 9단의 바둑 대결이었습니다. 알파고는 이 대국에서 천재 바둑기사 이세돌 9단을 4대 1로 꺾으면서 당대 바둑 최고수의 두뇌를 압도했습니다. 바둑과 같이 수가 무궁무진한 경기에서는 AI가 인간의 영역을 결코 침범할 수 없다는 고정관념이 이 대결을 통해 산산조각 났습니다.

이후 인류는 AI가 결국 빠른 시간 안에 인간의 지능을 뛰어넘을 것이라는 예측에 동의하기 시작했습니다. 챗지피티의 등장은 그런 흐름에 또 하나의 변곡점 역할을 했습니다. AI가 바둑 프로기사에 이어 작가, 저널리스트, 조사원, 법률가, 회계사, 개발자 등 언어와 코드로 먹고사는 프로페셔널 직업인을 능가하고 마침내 그들을 대체할 것이라는 신호탄을 쏜 것입니다.

급기야 챗지피티를 운영하는 오픈AI 최고경영자 샘 올트먼이 인공일반지능 또는 인공슈퍼지능의 시대가 열릴 것이라고 주장하면서 인류는 기대감과 동시에 공포심마저 느끼게 되었습니다. AI 덕분에 인류가 완전히 새로운 삶을 영위하게 될 것이라는 낙관론과 AI가 인류의 멸망을 재촉할 것이라는 비관론이 서로 맞서고 있습니다.

개인적으로 저는 AI의 눈부신 발전을 경험하면서 AI 기술로 인한 인류 멸망 논쟁에 그다지 관심을 두지 않습니다. 그보다 인류 공동체가 지금까지 해결하지 못한 문제를 푸는 데 AI가 어떤 역할을 할 것인가에 더 관심을 갖고 있습니다.

모든 기술은 그 자체로는 가치를 갖지 않지만 기술을 사용하는 인간의 아이디어와 의지에 따라 그 사회적 역할이 달라진다고 생각합니다. 인류 역사에서 새로운 기술이 사회적 악습을 제거하는 데 결정적인 역할을 한 사례가 많습니다.

따라서 LLM 기반 생성형 AI의 등장과 대중화 현상을 접한 저는 이 기술이 인류가 해결하지 못한 문제 가운데 어떤 것들을 해결할 수 있을지에 먼저 관심을 가졌습니다. 새로운 AI의 잠재력은 실로 어마어마합니다. 이 정도의 능력까지 보여주리라고는 결코 예상하지 못했을 만큼 AI의 발전은 놀라움 그 자체입니다.

물론 그 잠재력은 저절로 생성된 것이 아닙니다. 인류가 보유한 엄청난 분량의 자원을 빨아들이며 만들어낸 잠재력입니다. LLM을 학습시키는 데 필요한 방대한 데이터가 만들어지기까지 얼마나 많은 지적 작업이 선행됐으며, 그 작업에 얼마나 많은 에너지가 투입됐을까요?

생산적 이용자와 소비적 이용자

AI는 인류가 더 나은 삶과 공동체를 향해 나아갈 때 방해가 되는 각종 문제를 해결하는 데 탁월한 능력을 발휘할 수 있습니다. 하지만 AI가 인류의 삶에 미칠 영향은 AI라는 기술을 대하는 우리의 태도에 달려 있기도 합니다.

디지털 시대에 들어서면서 PC, 인터넷, 포털, 검색엔진, 소셜미디어 등 숱한 혁신 기술과 서비스들은 인류에게 더 나은 삶의 기회를 제공했습니다. 그럼에도 다수의 사용자들은 빅테크의 울타리에 자발적으로 들어가 소비적 활용만 하면서 빅테크의 돈벌이에 기여하였습니다.

이처럼 새로운 범용 기술이 등장할 때 소비적 이용을 하느냐, 생산적 이용을 하느냐가 중요합니다. 소비적 이용은 별 생각 없이 기술에 의존하여 표피적인 욕망을 채우는 이용 태도입니다. 이에 비해 생산적 이용은 자신 또는 자신이 속한 조직이 안고 있는 문제를 해결하는 데 기술을 활용하려는 이용 태도입니다.

물론 대부분 어느 한쪽 방향으로만 기술을 이용하지는 않을 것입니다. 하지만 소비적 이용량이 절반을 넘으면 새로운 기술이 지닌 잠재력을 제대로 이용하지 못하고 그 기술을 통제하는 기업의 배만 채우는 셈이 됩니다. 더욱이 디지털 범용 기술은 사람과 사람의 관계를 갈라놓고 서로 갈등하고 증오하게 만들기도 합니다.

이제 우리는 새로운 AI를 만나 또다시 기로에 서 있습니다. 소비적 이용자가 될 것인가, 아니면 생산적 이용자가 될 것인가라는 선택이 우리 앞에 놓여 있는 것입니다. 대부분의 사람들이 검색엔진이나 소셜미디어처럼 새로운 AI를 목적의식과 비판적 사고 없이 사용하면 AI 빅테크에 자발적으로 돈을 가져다주는 결과만 낳을 수 있습니다. 이럴 경우 우리는 결국 AI 서비스를 독점한 기업의 이익을 위해 움직이는 소비자에서 벗어나지 못합니다.

인류가 축적하거나 보유한 자원을 블랙홀처럼 빨아들임으로써 등장한 생성형 AI를 생산적으로 이용하는 첫걸음은 내 일과 내 조직의 일을 분해해서 어떤 부분에 AI를 초빙할 수 있는지를 파악하는 작업입니다.

AI 주요 용어

········· **기본 개념** ·········

거대언어모델 (LLM, Large Language Model)

: 방대한 양의 텍스트 데이터를 학습하여 인간의 언어를 이해하고 생
성하는 대규모 인공지능 모델입니다. 텍스트 인식, 요약, 번역, 콘
텐츠 생성 등 다양한 작업을 수행할 수 있으며, 특히 트랜스포머와
같은 딥러닝 알고리즘과 수십억 개 이상의 파라미터를 기반으로 합
니다.

생성형 인공지능 (Generative AI)

: 단순히 '정보 검색'이 아니라, 새로운 문장, 그림, 음악, 영상을 '생
성해내는' AI입니다. 검색이 도서관에서 책을 꺼내 오는 것이라면,
생성형 AI는 직접 새 책을 써 내려가는 것에 가깝습니다.

자연어 처리 (NLP, Natural Language Processing)

: 컴퓨터가 인간의 언어를 이해하고 다루는 기술입니다. 번역기, 음성
인식, 자동 요약 등이 대표적인 예입니다. 우리가 "AI야, 내일 날씨
알려줘"라고 주문했을 때, 말뜻을 이해하고 대답하는 과정이 NLP

입니다.

단어 임베팅 (Word Embedding)

: 단어를 컴퓨터가 이해할 수 있도록 고차원 벡터(숫자 배열)로 변환하는 기술입니다. 이 벡터는 단어의 의미적 유사성을 공간적 거리로 표현하여 비슷한 의미의 단어끼리 가까운 위치에 배치됩니다. 예를 들어 벡터 공간에서는 king-man+woman=queen 같은 의미 연산이 가능합니다. 단어 임베딩은 이처럼 컴퓨터가 단어 사이의 관계와 맥락을 이해할 수 있어 의미 기반 검색, Q&A 챗봇, 감성 분석, 토픽 분류, 추천 시스템 등에 광범위하게 사용됩니다.

뉴럴 네트워크 (Neural Network)

: 인간의 뇌가 작동하는 방식을 흉내 낸 인공지능 기술입니다. 뇌의 신경세포(뉴런)가 수많은 연결고리를 통해 신호를 주고받으며 학습하듯, 뉴럴 네트워크는 데이터를 여러 '층layer'으로 통과시키며 그 속에 숨겨진 복잡한 규칙이나 패턴을 스스로 찾아냅니다.

딥러닝 (Deep Learning)

: 기본적으로 뉴럴 네트워크를 기반으로 한 AI 기술입니다. 이름의 '딥Deep'처럼 수십, 수백 개이상의 층을 깊게 쌓아 복잡한 구조를 만

들 수 있다는 점이 큰 특징입니다. 이렇게 층이 깊어지면 모델은 1층에서 단순한 패턴을 학습하고, 상위층으로 갈수록 점점 더 복잡하고 추상적인 개념을 스스로 익히게 됩니다. 대규모 데이터와 GPU 성능 향상 덕분에 오늘날의 딥러닝 혁신이 가능해졌고, 이 기술은 GPT와 같은 LLM을 탄생시키는 기반이 되었습니다.

모델 구조와 학습

파운데이션 모델 (Foundation Model)
: 범용적으로 학습된 대형 모델로, 다양한 작업(번역, 요약, 이미지 생성 등)에 활용할 수 있는 '기반 모델'을 뜻합니다. 건축으로 치면 '공용 기초' 위에 다양한 건물을 올리는 것과 같습니다.

RAG (Retrieval-Augmented Generation, 검색 증강 생성)
: LLM이 외부 데이터베이스에서 최신 정보를 검색해 답변에 반영하는 방식입니다. 단순히 기억에만 의존하지 않고, 필요할 때 '자료를 찾아보고 대답하는' 원리라 할 수 있습니다.

트랜스포머 (Transformer)
: 2017년 구글 브레인 소속 아시시 바스와니 등 8명의 연구진은

"Attention Is All You Need"라는 논문에서 트랜스포머 아키텍처를 처음 제안했습니다. 이 아키텍처는 기존의 순환 신경망RNN이나 합성곱 신경망CNN을 사용하지 않고, 셀프어텐션self-attention 기반의 인코더-디코더Encoder-Decoder 구조만으로 기계 번역과 같은 시퀀스-투-시퀀스seq2seq 작업의 성능을 크게 향상시킨 새로운 모델입니다. 이후 트랜스포머는 BERT, GPT 등 대부분의 최신 LLM의 기반이 되며 인공지능 분야에 혁신을 가져왔습니다.

어텐션 메커니즘 (Attention Mechanism)

: 문장 속 모든 단어가 서로에게 얼마나 중요한지를 계산해 단어 간 관계를 가중치로 표현하는 기술입니다. 예를 들어 "나는 사과를 먹었다"라는 문장에서 모델은 '사과', '먹었다', '나는' 등 모든 단어 사이의 연관성을 동시에 계산해 문장의 의미 구조를 파악합니다.
이 메커니즘 덕분에 AI는 긴 문맥에서도 중요한 단어 관계를 효과적으로 포착하여 더 정밀한 이해와 자연스러운 문장 생성을 수행할 수 있습니다. 어텐션은 오늘날 트랜스포머와 LLM의 성능을 가능하게 한 핵심 기술적 기반 중 하나입니다.

파라미터 (Parameters)

: 모델이 학습 과정에서 조정하는 내부 수치로, 사람의 뇌에서 시냅스

연결 강도가 바뀌는 것과 비슷한 역할을 합니다. GPT-4 같은 모델은 수천억 개의 파라미터를 가지고 있으며, 이 값들이 언어의 패턴과 개념 간 관계를 수학적으로 표현하여 모델의 능력을 형성합니다. 파라미터 수가 많아질수록 표현력과 학습 능력이 향상되는 경향이 있지만 계산 비용과 에너지 소모도 함께 증가하기 때문에, 연구자들은 효율적인 파라미터 구조와 학습 방법을 개발하는 데 집중하고 있습니다.

사전 학습 (Pre-training)

: 대규모 텍스트 데이터를 사용해 모델의 파라미터(내부 가중치 Weights)가 언어의 패턴과 구조를 반영하도록 조정하는 과정입니다. 아이가 책을 읽고 대화를 나누며 언어 감각을 익히듯, 모델도 방대한 텍스트를 예측하는 과정에서 가중치가 반복적으로 업데이트되며 문장 구성 방식과 의미 관계를 스스로 터득합니다.

미세조정 (Fine-tuning)

: 광범위한 데이터 사전 학습을 통해 기본적인 언어 능력을 갖춘 모델에 대해, 특정 목적(법률 상담, 의료 판단, 금융 분석 등)에 맞춰 추가 학습을 진행하는 단계입니다. 이는 기초 체력을 갖춘 운동선수가 특정 종목의 전문 훈련을 받으며 해당 분야의 기술을 다듬는 과정

에 비유할 수 있습니다.

인스트럭션 튜닝 (Instruction-tuning)

: LLM이 사람의 지시를 이해하고 그 지시대로 행동하도록 가르치는 추가 학습 과정입니다. 사전 학습이 언어 자체를 배우는 단계라면, 인스트럭션 튜닝은 "요약해줘", "비교해줘" 같은 명령-응답 예시를 반복적으로 학습시켜 지시 수행 능력을 높입니다. 이 과정을 거치면 모델은 사람의 요청을 더 정확하게 이해하고 원하는 형태로 작업을 수행하는 AI가 됩니다.

동작 원리와 한계

확률적 생성 (Probabilistic Generation)

: AI는 단어를 "가장 나올 확률이 높은 순서대로" 예측하며 문장을 이어갑니다. 마치 작가가 다음 문장을 고민할 때 가장 자연스러운 단어를 고르는 것과 같습니다.

할루시네이션 (Hallucination)

: 사실이 아닌 내용을 그럴듯하게 말하는 오류입니다. AI가 존재하지 않는 논문을 인용하거나 틀린 사실을 자신 있게 말하는 현상을 일컫습니다.

편향 (Bias)

: 학습 데이터에 담긴 사회적, 문화적 편향이 AI 결과에도 그대로 반영될 수 있습니다. 예를 들어 채용 AI가 특정 성별이나 인종을 차별적으로 평가할 위험이 있습니다.

윤리적 AI (Ethical AI)

: 공정성, 투명성, 책임성을 고려해 AI를 설계하고 운영하는 원칙입니다. "AI가 인간에게 어떤 영향을 미칠까?"라는 질문을 중심에 두는 개념입니다.

안전장치 (Guardrails)

: AI가 폭력적, 불법적, 유해한 답변을 하지 않도록 제어하는 기술입니다. 예를 들어 사용자가 위험한 화약 제조법을 물어보면 대답하지 않게 막는 장치입니다.

활용 관련 용어

프롬프트 (Prompt)

: 사용자가 AI에게 던지는 질문이나 지시문입니다. "고양이를 그려줘" 같은 간단한 것부터 "이 논문을 요약하고, 다섯 줄로 정리해줘" 같은

복잡한 요청까지 모두 프롬프트입니다.

프롬프트 엔지니어링 (Prompt Engineering)

: 원하는 답을 얻기 위해 질문을 설계하는 기술입니다. 검색어를 잘 고르면 원하는 결과를 빨리 얻듯, 프롬프트를 정교하게 쓰면 AI가 더 정확하게 답합니다.

제로샷 / 원샷 / 퓨샷 (Zero-shot / One-shot / Few-shot)

: 예시가 없거나, 하나 혹은 몇 개의 예시만 보고 문제를 푸는 학습 방식입니다. 인간이 새로운 문제를 접했을 때 예시 몇 개만 보고 감을 잡는 것과 비슷합니다.

예를 들어, 제로샷은 전혀 설명을 듣지 않고도 번역하라고 했을 때 곧바로 해내는 것이고, 원샷은 예시 하나를 보고 문제 해결 방식을 추론하는 것이며, 퓨샷은 몇 가지 사례를 보고 더 정교하게 적용하는 방식입니다. 이 개념은 AI가 얼마나 적은 학습 예시로도 일반화할 수 있는지를 보여주는 중요한 척도입니다.

생각사슬 (Chain-of-Thought)

: AI가 답을 곧바로 내놓기보다는 중간 추론 과정을 단계별로 펼쳐 보여주는 기법입니다. 예를 들어 수학 문제를 풀 때 "1단계: 식을 세운

다 → 2단계: 계산한다 → 3단계: 답을 도출한다"라는 과정을 차례대로 적어가는 것과 유사합니다.

이렇게 하면 단순히 결과를 내는 것보다 더 투명하고, 논리적 오류를 줄이는 데 도움이 됩니다. 또한 사람이 AI의 사고 과정을 확인하며 검증할 수 있다는 장점도 있습니다.

컨텍스트 윈도 (Context Window)

: 모델이 한 번에 참고할 수 있는 텍스트의 길이입니다. 예를 들어 책한 권 전체를 기억하는 것이 아니라 특정 챕터 몇 개까지만 참고할수 있는 제한과 같습니다.

윈도우가 크면 긴 대화나 복잡한 문서도 맥락을 유지하면서 처리할수 있고, 작으면 대화가 길어질수록 앞부분을 잊어버리는 문제가 생깁니다. 최근 모델들은 컨텍스트 윈도우를 크게 늘려 수십만 단어를한 번에 다룰 수 있도록 발전하고 있습니다.

토큰 (Token)

: 토큰은 AI가 언어를 이해하고 다루는 최소 단위입니다. 보통 단어, 음절, 글자 조각 단위로 나누어 처리합니다. 예를 들어 "나는 밥을 먹었다"라는 문장은 "나는", "밥", "을", "먹", "었다"처럼 잘게 쪼개져 토큰단위로 계산됩니다. 모델은 이렇게 쪼갠 토큰들을 수학적으로 벡터

화하여 의미를 이해하고, 새로운 문장을 생성할 때도 토큰 단위로 확률을 예측해 이어갑니다.

사용자 입장에서 중요한 점은, 토큰이 곧 요금 산정의 기준이 된다는 사실입니다. 대부분의 LLM 서비스는 "몇 개 토큰을 입력했는가(프롬프트)"와 "몇 개 토큰을 출력했는가(답변)"를 합산하여 비용을 계산합니다.

API (Application Programming Interface)

: 외부 개발자가 AI 모델을 쉽게 가져다 쓸 수 있도록 제공하는 인터페이스입니다. 마치 전기 콘센트를 꽂기만 하면 전기를 쓸 수 있듯이 API로 AI를 불러다 씁니다. AI에서 외부 애플리케이션을 사용할 때 API를 연결하는 것이 아주 중요합니다.

응용

챗봇 (Chatbot)

: 고객 상담, 교육, 비서 역할을 하는 대화형 AI입니다. 은행 상담 창구 대신 24시간 답변하는 상담 AI를 떠올리면 됩니다. LLM 기반 챗봇은 기존 규칙 기반 챗봇보다 훨씬 더 자연스럽고 맥락 있는 대화를 이어갈 수 있습니다. 단순히 FAQ를 불러오는 수준이 아니라, 사용자의

질문 의도를 이해해 맞춤형 답변을 제공하고, 필요하면 외부 데이터 (RAG)까지 결합해 최신 정보를 전달할 수 있습니다.

AI 도우미 (AI Assistant)

: 일정 관리, 메일 정리, 번역, 보고서 작성 등을 돕는 개인 비서 같은 AI입니다. 스마트폰의 '시리'나 '빅스비'가 발전한 형태라고 보면 됩니다. 거대언어모델 기반 AI 도우미는 사용자의 맥락과 취향을 학습하여 더 개인화된 지원을 제공합니다. 단순히 알람을 맞추거나 메일을 읽어주는 수준을 넘어, "지난주 보고서 스타일에 맞춰 새 자료를 요약해줘"처럼 사용자의 과거 대화와 업무 흐름을 반영한 지능적 보조자로 발전하고 있습니다.

멀티모달 (Multimodal)

: 텍스트만이 아니라 이미지, 음성, 영상까지 한꺼번에 이해하고 다루는 AI입니다. 예를 들어 사진을 보여주며 "이 장면 설명해줘"라고 하면 텍스트로 답변을 줄 수 있습니다. 거대언어모델이 멀티모달로 확장되면 서로 다른 형태의 데이터를 하나의 언어로 연결해 해석할 수 있습니다. 예컨대 "이 사진을 설명하고, 그 내용을 영어로 바꿔서 음성으로 읽어줘"라는 복합적인 요청도 처리할 수 있어, 인간의 감각 통합 방식과 비슷한 능력을 갖추게 됩니다.

AI 에이전트 (AI Agent)

: 기존의 생성형 AI가 주어진 질문에 텍스트로만 대답하는 수준이었다면, 에이전트는 한 단계 더 진화한 개념입니다. 단순히 답변을 생성하는 것에 그치지 않고, 스스로 판단하여 외부 시스템, 도구, 인터넷과 상호작용 할 수 있습니다.

예를 들어, 사용자가 "다음 주 서울에서 부산 가는 항공권을 찾아서 예매해줘"라고 요청한다고 가정해봅시다. 일반적인 챗봇은 항공사 웹사이트를 직접 확인하라고 안내할 뿐이지만, AI 에이전트는 실제로 인터넷에서 항공권 정보를 검색하고 가격을 비교하며 최적의 일정을 추천한 뒤, 사용자의 결제 승인을 받아 실제 예약까지 자동으로 처리할 수 있습니다.

에이전트는 사람의 지시를 실행 가능한 행동으로 바꿔주는 AI 비서라고 할 수 있으며, 앞으로는 금융, 의료, 법률, 여행, 교육 등 다양한 산업 분야에서 활용될 가능성이 큽니다.

AI 에이전트 협업 (A2A, AI-to-AI)

: 하나의 AI가 모든 일을 다 처리하는 것이 아니라, 여러 AI가 역할을 나누어 협력하는 방식을 의미합니다. 인간 사회에서 팀워크가 중요하듯이, AI 세계에서도 효율적인 분업과 협력이 필요합니다. 예를 들어 보고서를 작성하는 과정을 생각해보겠습니다.

첫 번째 AI는 최신 논문과 자료를 검색하고, 두 번째 AI는 그 내용을 요약 정리하며, 세 번째 AI는 문서 형식을 다듬고 도표를 추가합니다. 마지막으로 네 번째 AI가 발표용 슬라이드까지 자동으로 제작할 수 있습니다. 이처럼 AI끼리 서로 대화하고 작업을 분담하면서, 사람은 최종 검토와 의사결정에만 집중할 수 있습니다. 앞으로 기업 환경에서는 'AI 팀이 일을 하고 인간은 관리·감독을 맡는 구조'가 보편화될 가능성이 큽니다.

온디바이스 AI (On-device AI)

: 온디바이스 AI는 AI 기기 내부(스마트폰, PC, 웨어러블 등)에서 직접 작동하는 AI를 말합니다. 이렇게 되면 두 가지 장점이 있습니다. 첫째, 개인 정보 보안입니다. 민감한 데이터가 외부 서버로 나가지 않고 기기 안에서만 처리되기 때문에 프라이버시가 강화됩니다.

둘째, 속도와 접근성입니다. 인터넷 연결이 불안정하거나 없는 상황에서도 바로 작동할 수 있고, 반응 속도도 훨씬 빨라집니다.

AGI (Artificial General Intelligence, 범용 인공지능)

: 지금까지 상용화된 AI는 대부분 특정 분야에서 잘 작동하는 내로우 AI(Narrow AI)입니다. 번역, 바둑 두기, 이미지 생성 등 특정 영역에서는 사람을 능가할 수 있지만, 일반적인 사고와 판단 능력은 부족합

니다.

반면 AGI는 인간처럼 다양한 상황에 맞춰 유연하게 문제를 해결할 수 있는 '범용 지능'을 의미합니다. 예를 들어 오늘은 번역을 하다가, 내일은 경제 기사를 쓰고, 모레는 새로운 연구 아이디어를 내는 등 맥락을 이해하고 창의적으로 대응할 수 있는 능력입니다.

AGI는 흔히 "인공지능의 최종 목표"라고 불리지만, 동시에 가장 큰 논란의 주제이기도 합니다. 기술적 난이도가 매우 높을 뿐 아니라, 만약 실제로 AGI가 등장한다면 사회, 경제, 윤리 전반에 걸쳐 엄청난 변화와 충격을 가져오기 때문입니다.

피지컬 AI (Physical AI)

: 피지컬 AI는 '머릿속에서만 작동하는 지능'을 넘어, 실제 세상에서 몸을 가진 존재로 활동하는 인공지능이라 할 수 있습니다. 앞으로 제조업, 서비스업, 돌봄, 보안 등에서 큰 변화를 불러올 분야입니다. 예를 들어 공장에서 사람 대신 무거운 물건을 옮기는 로봇, 집에서 청소나 간단한 요리를 돕는 가사 로봇, 병원에서 환자를 돌보는 간호 보조 로봇, 혹은 쇼핑몰을 순찰하는 경비 로봇 등이 있습니다. 특히 휴머노이드(사람과 비슷한 형태를 가진 로봇)는 단순한 기계가 아니라 AI를 탑재해 사람의 언어를 이해하고 상황에 맞게 행동할 수 있습니다. 반려 로봇처럼 감정 교류가 가능한 형태로 발전하는 경우

도 있습니다.

---------------------------- **멀티미디어** ----------------------------

텍스트-투-이미지 (Text-to-Image)

: 글로 설명하면 그림을 그려주는 AI입니다.

텍스트-투-비디오 (Text-to-Video)

: 글을 입력하면 짧은 동영상을 자동으로 만들어주는 기술입니다.

Runway, Pika, OpenAI Sora, Veo3가 대표적입니다.

셜록 홈스식
AI 사용법

나는 **홈스**, AI는 **왓슨**

ⓒ 우병현 2025

1판 1쇄 인쇄 2025년 11월 25일
1판 1쇄 발행 2025년 12월 3일

지은이 우병현
펴낸이 황상욱

편집 이은현 박성미
디자인 박지수 ㅣ **마케팅** 윤해승 윤두열
경영관리 황지욱 ㅣ **제작처** 영신사

펴낸곳 ㈜휴먼큐브 ㅣ **출판등록** 2015년 7월 24일 제406-2015-000096호
주소 03997 서울시 마포구 월드컵로14길 61 2층
문의전화 02-2039-9462(편집) 02-2039-9463(마케팅) 02-2039-9460(팩스)
전자우편 yun@humancube.kr

ISBN 979-11-6538-472-2 03500

인스타그램 @humancube_books 페이스북 fb.com/humancube44